W0288906

POLIZEI
im
Wandel

FRANK KAWELOVSKI
SABINE MECKING

POLIZEI

im Wandel

70 Jahre Polizeiarbeit in Nordrhein-Westfalen

GREVEN VERLAG KÖLN

Herausgegeben vom Geschichtsort
Villa ten Hompel, Stadt Münster

© Greven Verlag Köln, 2019
Lektorat: Joachim Geil, Köln
Gestaltung: Thomas Neuhaus, Billerbeck und Steffy Schüller, Köln
Gesetzt aus der Neutraface Slab Text und der Helvetica Neue LT
Lithografie: Prepress, Köln
Papier: Tauro Offset
Druck und Bindung: Kösel, Altusried-Krugzell
Alle Rechte vorbehalten
ISBN 978-3-7743-0903-6

Detaillierte Informationen über alle unsere Bücher finden Sie unter:
www.greven-verlag.de

INHALT

007 Polizeigeschichte ist Gesellschaftsgeschichte

010 Nachkriegswirren – »Alte Kameraden und neue Kollegen«
Die Jahre 1945-1950

022 Zwischen Wohlstand und Vergessen
Die 1950er-Jahre

038 Alte Denkmuster und gesellschaftlicher Aufbruch
Die 1960er-Jahre

050 Reform und Terrorismus
Die 1970er-Jahre

062 Die neuen sozialen Bewegungen
Die 1980er-Jahre

076 Bürgerpolizei und moderne Dienstleistungsorganisation
Die 1990er-Jahre

090 Internationaler Terrorismus und neue Formen der Kriminalität
Die 2000er-Jahre

102 Alte und neue Herausforderungen
Die Jahre 2010-2019

116 Schlussbemerkungen – Sicherheit und Freiheit

119 Wie ich »Bullen« respektieren lernte und den Respekt nicht verlieren möchte
Ein skeptisches Nachwort von Claus Leggewie

122 Anmerkungen

134 Bildnachweis

POLIZEIGESCHICHTE IST GESELLSCHAFTSGESCHICHTE

Polizeigeschichte ist Gesellschaftsgeschichte. Sie gibt Auskunft über Regeln in Staat und Gesellschaft. Sie lenkt den Blick auf allgemein erwünschtes und als unkorrekt beziehungsweise als kriminell definiertes Verhalten. Politischer und sozialer Wandel in einer Gesellschaft spiegeln sich in ihren Normen, in der Anwendung und Neugestaltung des Regelwerkes und damit in der konkreten Polizeiarbeit wider. Dies gilt umso mehr, wenn diese Veränderungen mit lebhaften Debatten und Auseinandersetzungen, mit öffentlichen Unruhen und Protesten einhergehen. Wie sehr die Arbeit der Polizei durch den jeweiligen »Zeitgeist« geprägt ist, zeigt sich zum Beispiel in der Überprüfung und Überwachung von Personengruppen, die als politisch oder sozial verdächtig wahrgenommen werden. Für die 1950er-Jahre betrifft dies insbesondere den polizeilichen Umgang mit Kommunisten oder Homosexuellen. In den 1960er-Jahren waren es dann allgemeine Tendenzen der Liberalisierung bis hin zu den 68er-Unruhen, die sich auch auf die Arbeit der Polizei und auf die in ihr tätigen Menschen auswirkten. Neue Herausforderungen für Staat und Polizei barg insbesondere dann der aufkommende (Links-)Terrorismus der 1970er-Jahre. Neben diesem Terror markierte vor allem das Erstarken der insgesamt friedlichen Anti-Atomkraft- und der Friedensbewegung den gesellschaftlichen Wandel. In der Hochphase der neuen sozialen Bewegungen gegen Ende der 1970er-Jahre und der darauffolgenden Dekade beteiligten sich Hunderttausende an den Massendemonstrationen. Mit der sogenannten deutschen Wiedervereinigung und der Öffnung Osteuropas in den 1990er-Jahren sowie den folgenden Migrations- und Flüchtlingsbewegungen sah sich die Polizei wiederum mit gravierenden Veränderungen konfrontiert. Die sich immer dynamischer abzeichnenden sozialen Veränderungen einer stärker multikulturell ausdifferenzierten Bevölkerung gingen letztlich auch mit einem Wandel der Deliktstruktur einher.

Alle diese gesellschaftlichen und politischen Ereignisse und Entwicklungen blieben nicht folgenlos für die Polizei. Sie beeinflussten nachhaltig die Polizei als Institution sowie die in ihr tätigen Menschen.[1] Die neue gesellschaftliche Vielfalt zeichnete sich innerhalb der Polizei zunächst durch die vermehrte Einstellung von Frauen und später dann von Personen mit Migrationshintergrund ab. Der vorliegende Band rückt diese Veränderungen in den Fokus. Er vermittelt dabei Einblicke in das facettenreiche Aufgabenfeld und den Alltag der Polizei, beschäftigt sich aber auch mit einzelnen herausragenden Polizeieinsätzen. Um ein Bild von der Polizei im gesellschaftlichen Wandel zu skizzieren, widmet er sich der deutschen Polizeigeschichte von der unmittelbaren Nachkriegszeit 1945 bis zur Gegenwart. Anhand von Fotografien wird veranschaulicht, wie sich die Polizei als Organisation und als Akteur in dieser Zeit grundlegend neu positionierte. Hierbei stehen die Verhältnisse in Nordrhein-Westfalen im Mittelpunkt. In diesem am dichtesten besiedelten Bundesland ist auch die Polizei entsprechend groß und vielfältig. Mit mehr als 40 000 Polizisten und weiteren Verwaltungs- und technischen Kräften gehört sie zu den größten Länderpolizeien in Deutschland. Ihre Aufgaben lassen sich grob den Bereichen Kriminalität, Verkehr und Gefahrenabwehr zuordnen. Organisatorisch umfasst die nordrhein-westfälische Polizei derzeit 47 über das gesamte Land verteilte Kreispolizeibehörden. Diese heißen in kreisfreien Großstädten beziehungsweise in großstädtischen Ballungsgebieten Polizeipräsidien, ihre Zahl beträgt 18. Daneben existieren mit dem Landeskriminalamt (LKA), dem Landesamt für Ausbildung, Fortbildung und Personalangelegenheiten (LAFP) oder dem Landesamt für Zentrale Polizeiliche Dienste (LZPD) drei polizeiliche Oberbehörden. Das Innenministerium fungiert als oberste Aufsichtsbehörde, der Innenminister ist damit der höchste Dienstherr aller Polizeibeamten.[2]

Am nordrhein-westfälischen Beispiel lassen sich Zäsuren und Kontinuitäten in der Geschichte der deutschen Polizei(en) anschaulich machen. Der Blick richtet sich dabei auf die Behörde, ihr Personal und ihre Aufgaben- und Tätigkeitsbereiche. Ziel ist es aufzuzeigen, wie sich die Entwicklung der Polizei, deren Mitarbeiter in der frühen Nachkriegszeit in großer Zahl im »Dritten Reich« sozialisiert worden waren, hin zu einer modernen rechtsstaatlichen Sicherheitsagentur der Gegenwart vollzogen hat, die sich nicht mehr als Obrigkeit, sondern als partnerschaftlicher Dienstleister für den Bürger versteht. Dabei werden die personellen, materiellen und organisatorischen Anfänge der Polizei bei Gründung des Landes Nordrhein-Westfalen 1946 ebenso analysiert wie politische, gesellschaftliche und technische Weiterentwicklungen. Hier spielen nicht nur Neuerungen eine Rolle, auch die Beharrungskräfte über politische Brüche hinaus sind im Spannungsverhältnis von »Professionalität und Anpassung« im Staats- beziehungsweise öffentlichen Dienst darzulegen.[3] Wesentliche Faktoren sind in diesem Zusammenhang exemplarisch die zunehmende Technisierung und Computerisierung des Alltags, der demografische Wandel mitsamt dem Thema Migration und schließlich neue gesellschaftliche Leitbilder.

Die Geschichte der Polizei erfährt spätestens seit den 1990er-Jahren größere Aufmerksamkeit. Zunächst stand im Rahmen der Täterforschung die Verstrickung der deutschen Polizei in dem Verfolgungs- und Terrorsystem des NS-Staates und ihre Beteiligung an den Massentötungen während des Zweiten Weltkrieges im Vordergrund,[4] doch schon bald richtete sich das Interesse auch auf die Nachkriegszeit und auf die frühe Bundesrepublik.[5] Mittlerweile liegt eine größere Anzahl von geschichtswissenschaftlichen Studien zur Polizei in Deutschland vor.[6] Die Geschichte der nordrhein-westfälischen Polizei ist sowohl regional übergreifend in Teilbereichen wie Personalentwicklung der unmittelbaren Nachkriegszeit oder einzelnen Arbeitsbereichen als auch umfassender auf lokaler Ebene durch eine größere Zahl von Publikationen zu einzelnen Kreisbehörden aufgearbeitet.[7] Es fehlt allerdings eine empirisch gestützte polizeihistorische Darstellung für das gesamte Bundesland. Zeitlich übergreifende Publikationen mit umfassenderen Bildbeständen existieren bisher nur auf der örtlich begrenzten Ebene der Polizeibezirke. Besondere Organisationseinheiten wie die Wasserschutzpolizei oder die Polizeifliegerstaffel finden – auf Nordrhein-Westfalen begrenzt – in diesen Publikationen häufig überhaupt keine Berücksichtigung.

Das vorliegende Buch geht der Frage nach, welche Veränderungen sich innerhalb der Polizei in den letzten siebzig Jahren strukturell, personell, aber auch bei der Aufgabenstellung, der eigenen Zielsetzung und dem Selbstverständnis vollzogen haben. Von besonderem Interesse ist dabei, welche politischen und gesellschaftlichen Einflüsse die Impulse für die Veränderungen in der Polizei gegeben haben. Ihre Bezüge zum Leben und Erleben der Bürger und damit als Teil der Gesellschaft stehen in dieser weitgehend chronologischen Darstellung im Zentrum.[8] Selbstverständlich orientieren sich gesellschaftliche Entwicklungen nicht an Dekadengrenzen, doch erleichtert diese Zuordnung den Zugang und das Verständnis des umfangreichen Bildmaterials. An einigen wenigen Stellen wurde die Chronologie jedoch durchbrochen, um sachliche Zuammenhänge besser zu unterstreichen. Die Arbeit der Polizei wird jeweils im Spiegel zeitgenössischer Fotografien und Dokumente aus der Lebens- und Arbeitswelt der Polizeibeamten präsentiert. Zusammengetragen wurden professionelle Pressefotografien, Materialien der Polizeiwerbung und -dokumentation, aber auch Fotos aus Privatalben von Polizeibeamten.[9]

Da es insbesondere für die jüngste Vergangenheit nur wenige historische Darstellungen gibt, stützt sich die Untersuchung nicht zuletzt auch auf eine Auswertung der Berichterstattung in dem seit 1962 erscheinenden, vom Innenministerium herausgegebenen Magazin der Polizei Nordrhein-Westfalen »Die Streife« beziehungsweise »Streife«.[10]

Kriminalbeamte bei der Schuttbeseitigung am kriegsbeschädigten Polizeipräsidium, Essen 1945

NACHKRIEGSWIRREN – »ALTE KAMERADEN UND NEUE KOLLEGEN«

Die Jahre 1945–1950

Nach der bedingungslosen Kapitulation des Deutschen Reiches und dem Ende des nationalsozialistischen Terrorsystems am 8. Mai 1945 wurde Nachkriegsdeutschland von den Alliierten in vier Besatzungszonen aufgeteilt. Das heutige Nordrhein-Westfalen gehörte zur britischen Zone. Bereits im April waren amerikanische Truppen in mehr oder weniger zerstörte rheinische und westfälische Städte einmarschiert, nur wenige Wochen später übernahmen dann die Briten die Besatzungshoheit.

Ziel der Alliierten war es, einen neuen, demokratischen deutschen Staat aufzubauen. Der Untergang des NS-Regimes und das Wegbrechen bisheriger staatlicher Strukturen und Organisationen hatten zunächst unklare Rechtsverhältnisse zur Folge. Unsichere Lebensumstände prägten den Alltag der Menschen: vor allem die Sorge um Nahrungsmittel, Wohnraum und Gesundheit. Nicht entschärfte Bomben und Granaten, einsturzgefährdete Häuser, zerstörte Straßen und die unzureichende Versorgungs- und Infrastruktur bargen ein erhebliches Gefahrenpotenzial. Nachkriegswirren mit Armut und allgemeiner Bedürftigkeit gingen nicht zuletzt mit Diebstählen und Raubüberfällen einher. Herumstreunende Gruppen und plündernde Banden, zum Beispiel von freigelassenen Zwangsarbeitern, die sich mit erbeuteten Waffen der Wehrmacht an ihren Peinigern rächen wollten, gefährdeten die innere Sicherheit und Ordnung. Die Kriminalstatistik für die Nord-Rheinprovinz weist für Juli 1946 22 Morde, 1 128 Raubüberfälle und 14 500 einfache Diebstähle aus (darunter 2 760 Fahrrad- und 3 100 Felddiebstähle).[11]

Die unruhigen Nachkriegsverhältnisse stellten eine hohe Herausforderung für die betroffenen Menschen und den Wiederaufbau eines Staates dar. Dabei ging es um ganz grundlegende Dinge wie Ruhe und Ordnung. In den Gebieten an Rhein, Ruhr und Lippe übernahmen nun britische Public Safety Officers unter Führung der Public Safety Branch die Verantwortung für die öffentliche Sicherheit. Die bis zur Kapitulation existierende Reichspolizei war durch die Militärregierung aufgelöst worden. Als staatliche Institution war die Polizei integraler Bestandteil des nationalsozialistischen Verfolgungs- und Vernichtungsnetzwerkes gewesen. Dies betraf nicht nur die Gestapo als Synonym für die nationalsozialistische Schreckensherrschaft, sondern auch die herkömmliche Kriminal- und die uniformierte Polizei. Daher betrachteten es die Alliierten nach 1945 als zentrale Aufgabe, beim Aufbau eines neuen Deutschlands eine Polizei zu

Empfang einer Gruppe von Polizeibeamten, die aus der Kriegsgefangenschaft entlassen wurden, Essen um 1947/48. Zu Ehren der Rückkehrer spielt das Polizeimusikkorps.

Polizeibeamte schützen den Transport von Lebensmittelkarten, Essen um 1946.

Streifenfahrt im VW Käfer im Essener Süden Ende der 1940er-Jahre. Die sogenannte Hebmüller-Karosserie war eigens für die Polizei angefertigt worden und schützte die mitfahrenden Beamten seitlich durch Spritzdecken vor Verschmutzungen. Das 25 PS starke Fahrzeug brachte es in der Spitze auf 100 km/h. Von dem Fahrzeug wurden zwischen 1948 und 1949 knapp 500 Exemplare hergestellt.

schaffen, die für ein demokratisches Gemeinwesen einstand. Mit den preußischen beziehungsweise deutschen Polizeitraditionen sollte gebrochen werden, galten diese doch als Nährboden des Nationalsozialismus. Die Polizei musste neu organisiert und demokratisiert werden. Dieses Ziel war bereits 1944 von den Alliierten mit den Schlagworten De-Militarisierung, De-Nazifizierung und De-Zentralisierung festgelegt worden.[12]

Die britischen Besatzungsoffiziere der Public Safety Branch machten sich sofort daran, alte Polizeistrukturen des NS-Staates zu zerschlagen und unter ihrer Kontrolle eine dem demokratischen Staat verpflichtete Polizei aufzubauen. Diese neue Polizei sollte zum einen möglichst schnell einsatzfähig und zum anderen politisch unbelastet sein – keine leichte Aufgabe, da die Polizei als Institution und als Personenverband in das System der NS-Gewaltherrschaft eingebunden war. Mit Verfügungen wie den »Richtlinien für die deutsche Polizei« vom 8. Mai 1945, dem Tag der Kapitulation, oder den »Richtlinien der Militärregierung über die Neugestaltung der Polizei in der Britischen Zone« (Military Government Instruction on the Re-organisation of the German Police System in the British Zone) vom 25. September 1945 ebnete die Besatzungsmacht als oberste Instanz im Land den Weg für eine neue Polizei. Die Polizei wurde im Zuge einer Dezentralisierung nach dem Vorbild Großbritanniens kommunalisiert, das heißt auf Ebene der Großstädte mit mehr als 100 000 Einwohnern und Regierungsbezirke organisiert. Diese Stadtkreis- und Regierungsbezirkspolizeien wurden von Polizeichefs geleitet. Sie unterstanden dabei vor Ort der Kontrolle der gleichzeitig neu eingeführten »Polizeiausschüsse«. Die kasernierte Polizei wurde abgeschafft.[13]

Mitarbeiter des britischen Public Safety Officers rekrutieren auf dem Platz vor dem Amtsgericht Duisburg-Hamborn neue Polizeikräfte, Duisburg 1946.

Polizeibeamter vor dem Hauptquartier der britischen Militärverwaltung, Essen späte 1940er-Jahre. Das sogenannte Glückauf-Haus hatte bis 1945 der NSDAP als lokale Parteizentrale gedient.

Parade der uniformierten Polizei zu Ehren des Public Safety Officers, Essen um 1948. Den Revierbeamten schritt die Uniformierte Weibliche Polizei voran, die im Wesentlichen aus ehemaligen Beamtinnen der Weiblichen Kriminalpolizei bestand.

Auch inhaltlich erfolgte eine Neubestimmung der Polizeitätigkeit. Die Polizei sollte sich künftig – wiederum angelehnt an die britischen Verhältnisse – auf die Kernaufgaben von Strafverfolgung und Gefahrenabwehr konzentrieren. Es erfolgte eine »Entpolizeilichung der öffentlichen Ordnung«.[14] Die Aufgaben der bisherigen Verwaltungspolizei, wie etwa das Melde- und Fremdenwesen, die Gewerbe- und Bauaufsicht sowie die Seuchen- oder Gesundheitspolizei, gingen in den Aufgaben- und Verantwortungsbereich der Stadt- und Kreisverwaltungen über.

Zur Neuorganisation und Neuorientierung der Polizei gehörte aber auch das Streben nach personeller Erneuerung. »Eifrige und aktive Anhänger« des Nationalsozialismus sollten im neuen Staat keine Polizeibeamten sein.[15] Zahlreiche Polizisten waren im Krieg gestorben, befanden sich in den alliierten Internierungslagern oder waren geflüchtet, um nicht für ihre Verbrechen und die Beteiligung am Holocaust belangt zu werden. Das verbliebene oder neue Personal war nun eingehend politisch zu überprüfen. Jede Person, die im Polizeidienst tätig war oder sich hierfür bewarb, musste sich dem Entnazifizierungsverfahren stellen und einen Fragebogen ausfüllen, mit dem ihre Zugehörigkeit zu nationalsozialistischen Organisationen überprüft wurde. Wie überall im öffentlichen Dienst waren auch bei der Polizei politisch belastete oder kriminell gewordene Personen aus dem Dienst zu entfernen beziehungsweise durften nicht eingestellt werden.[16]

Für das als gering oder nicht belastet eingestufte Personal waren dann demokratische Schulungen vorgesehen. Den Polizisten, die während des NS-Regimes militärisch und ideologisch gedrillt worden waren, mussten nun die neuen, demokratischen Inhalte und Werte vermittelt werden. Darüber hinaus wurden Polizisten, die im NS-Staat als »Weimarer Systembeamte«, als Sozialdemokraten oder aus anderen politischen, ethnischen oder religiösen Gründen entlassen worden waren, wieder in den aktiven Dienst übernommen. Vor allem aber sollten neue, junge Männer für den Polizeidienst gewonnen werden.[17]

Im westfälischen Hiltrup wurde eine Schule für Polizeilehrer eingerichtet. Weitere Schulen sollten folgen, um die politische und fachliche Ausbildung der neuen Polizeibeamten sicher-

Die Diensthundestaffel bei einer Vorführung zu Ehren des Public Safety Officers, Essen um 1948

Personenkontrolle in der Innenstadt, Essen um 1947/48. Der Beamte trägt auf seinen Schulterklappen eine dreistellige Dienstnummer aus Metallzahlen.

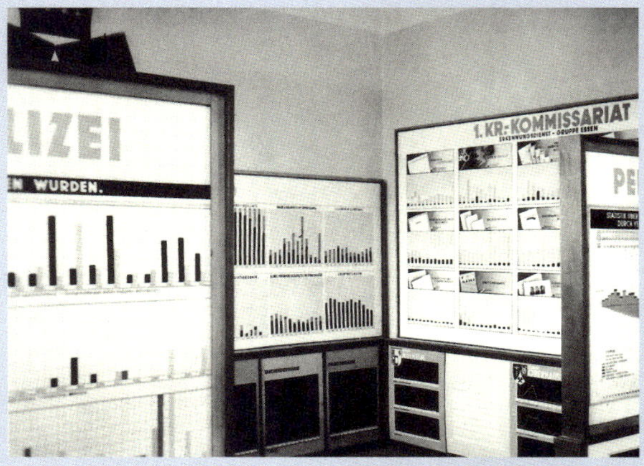

Kriminal- und Verkehrsunfallstatistik, Essen 1948. Die mannshohen Tafeln mit Grafiken füllten im Polizeipräsidium mehrere Räume.

Polizeischulklasse, Münster 1948/49. In der ersten Reihe sitzen die Ausbilder.

Auszubildende der Polizei des Einstellungsjahrgangs 1949 in der Polizeischule Düsseldorf Tannenstraße

Der Essener Polizeichef Hermann Knoche im Publikum bei einem Polizeisportfest, Essen Ende der 1940er-Jahre

zustellen.[18] Bereits im Herbst 1945 fanden zahlreiche Neueinstellungen bei der Polizei statt. Zunächst verfügten die Polizisten jedoch noch nicht über einheitliche Uniformen oder eine angemessene polizeiliche Ausstattung. Die Vorbehalte der Besatzungsmacht gegenüber den früheren Kriegsgegnern waren noch sehr groß, sodass die Polizei zunächst nur mit eingeschränkten Möglichkeiten agieren durfte. Im Zuge der allgemeinen Entwaffnung waren zahlreiche Polizisten in den ersten Wochen nur mit Holzknüppeln ausgestattet. Doch schon bald sollten – allerdings mit erheblichen Auflagen – auch wieder Faustfeuerwaffen erlaubt sein.[19] Insgesamt prägten aber auch hier die allgemeinen Materialnöte die Arbeitsbedingungen. In der unmittelbaren Nachkriegszeit wiesen nicht selten lediglich eine weiße Armbinde oder die alte grau-grüne Uniform – nun jedoch ohne die früheren NS-Hoheitszeichen – die Zugehörigkeit zur Polizei aus. Ab Juli 1946 bis zur Verstaatlichung der Polizei 1953 trugen die Polizisten in der gesamten britischen Besatzungszone dann – genau wie die englischen Polizisten – eine blaue Uniform. Die neue Uniform setzte sich allerdings aus Kostengründen zunächst nur langsam durch.[20]

Die Versorgungsengpässe führten in der Bevölkerung zu entsprechenden Delikten. Frierende Menschen entwendeten Kohle, und auch der Diebstahl von Metallen, etwa von Abflussrohren, Heizungsanlagen und Eisenträgern, wurde zu einem Problem.[21] Der Mangel an Nahrungsmitteln und Gebrauchtwaren ließ den sogenannten Schwarzmarkt florieren. Die Grundversorgung der Bevölkerung sollte zwar durch Lebensmittelkarten gesichert werden, sie war aber zumeist unzureichend, und es entwickelte sich ein illegaler Tauschmarkt. Zur Bekämpfung des Schwarzmarktes

Polizist, Essen 1945. »Uniform« waren der private Mantel des Beamten und eine Armbinde mit der Aufschrift »MG Police«.

konzentrierte sich die Polizei auf die Festnahme von Personen, die entsprechende Geschäfte tätigten, die Beschlagnahmung der illegal angebotenen Waren und die Räumung der Plätze, auf denen der illegale Handel betrieben wurde. Eine weitere Strategie bestand darin, vermehrt Verkehrskontrollen durchzuführen, um Schwarzmarkt-Ware aufzuspüren. Neben Autos und Lkws wurden auch Züge kontrolliert. Überhaupt band der Straßenverkehr die polizeilichen Kräfte bereits in dieser Zeit erheblich. Im Jahr 1948 ereigneten sich fast 26 000 Verkehrsunfälle mit etwa 17 000 Verletzten und 1 625 Toten.[22] Doch auch die Polizeibeamten selbst waren von den schweren Lebens- und Arbeitsbedingungen der ersten Nachkriegsjahre betroffen. Eine ärztliche Untersuchung zeigte, dass 1948 etwa die Hälfte der nordrhein-westfälischen Polizisten an Unterernährung litt.[23] Erst die Währungsreform am 20. Juni 1948 führte mit der Umstellung auf die D-Mark schlagartig zu einer Verbesserung der Versorgungslage und damit zu einer Normalisierung der ökonomischen und sozialen Verhältnisse.

Die Zahl der Polizeibeamten stieg von 18 178 Personen im Jahr 1946 auf 22 000 Personen im Jahr 1950. In der gleichen Zeit wuchs auch die Einwohnerzahl des Landes aufgrund des Zuzugs von Flüchtlingen und Vertriebenen schnell an (1946 rund 12 Millionen Einwohner, 1950 12 926 Millionen Einwohner). Bezogen auf das Verhältnis von Einwohnern und Polizeibeamten sank die Polizeidichte von rund 660 1946 auf 588 im Jahr 1950, das heißt: Im Schnitt kam ein Polizist zunächst auf 660 und dann auf 588 Einwohner.[24]

Neben den umfangreichen britischen Reformen zeigten sich aber auch rasch deutsche Beharrungstendenzen. Mit der Gründung des Landes Nordrhein-Westfalen aus dem nördlichen Teil der Rheinprovinz und Westfalen im Jahr 1946 – 1947 kam noch Lippe (Detmold) hinzu – gab es schon bald im neuen Innenministerium Bestrebungen, die britischen Polizeireformen teilweise

Polizisten führen während einer pro-kommunistischen Demonstration auf dem Marktplatz eine Razzia durch, Düsseldorf 1946.

Verkehrsregelungsposten, Essen um 1948. Zur guten Sichtbarkeit war der Beamte mit weißer Schirmmütze, Handschuhen, Ärmelstulpen und Gürtel ausgestattet.

Verkehrserziehung mit Tretrollern, Essen Ende der 1940er-Jahre. Man beachte das »lebende Verkehrs-schild« in der Bildmitte.

Verkehrskontrolle mit staunendem Jungbürger, Essen Ende der 1940er-Jahre

Parade der Polizeireiterstaffel zu Ehren des Public Safety Officers, Essen um 1948

wieder rückgängig zu machen. Mit Verweis auf deutsche Polizei- und Verwaltungstraditionen und landesweite Standards sei die Polizei, so Innenminister Walter Menzel (SPD), wieder in die staatliche Innenverwaltung zu integrieren.

Überhaupt stützte sich der Neuanfang trotz der Reformen auch auf Traditionen. Die neue Polizeiausbildung erfolgte zum Beispiel wieder an Orten, die während der NS-Diktatur der Erziehung zum Militarismus und zur weltanschaulichen Indoktrinierung gedient hatten. Hatten die Alliierten vor dem Hintergrund der Gräueltaten der Polizeibataillone im Zweiten Weltkrieg zunächst auch die Einrichtung von polizeilichen Truppenverbänden unterbunden, so rückten diese Bedenken im Zuge der global-politischen Entwicklungen schon bald in den Hintergrund. Denn mit der Verschärfung des Ost-West-Konflikts und einer Verhärtung der Blockbildung lösten sich die Alliierten rasch von ihrer Vorstellung, eine entmilitarisierte Polizei aufbauen zu können. Spätestens mit Beginn des Koreakrieges im Sommer 1950 wandelte sich das allgemeine politische Klima derart, dass auch die Polizei – bald mit der Einrichtung der Bereitschaftspolizeien – wieder über militärisch organisierte Einheiten verfügen sollte.[25] Und im Geiste einer Schlussstrich-Mentalität wurde das Entnazifizierungsverfahren abgemildert. Selbst höhere NS-Funktionsträger konnten schließlich in den Polizeidienst zurückkehren. Das Bundesgesetz zu Artikel 131 des Grundgesetzes von 1951 regelte die Rechtsverhältnisse von Angehörigen des öffentlichen Dienstes, die »aus anderen als beamten- oder tarifrechtlichen Gründen ausgeschieden« und »bisher nicht oder nicht ihrer früheren Stellung entsprechend verwendet« worden waren. Spätestens jetzt konnten zahlreiche »Alte Kameraden« in den aktiven Polizeidienst zurückkehren; dies selbst dann, wenn sie sich aktiv an den Verbrechen des »Dritten Reiches« beteiligt hatten.[26] Da auch die meisten der neuen, »jungen Kollegen« im NS-Staat sozialisiert worden waren, lässt sich letztlich nur eingeschränkt von einem polizeilichen Neubeginn sprechen. Eine öffentliche Diskussion über die Rolle der Polizei im NS-Staat blieb bis in die 1960er-Jahre weitgehend aus.

Streifenfahrt der Wasserschutzpolizei auf dem Baldeneysee, Essen Ende der 1940er-Jahre. Als Streifenboot diente ein ausgemustertes amerikanisches Sturmboot.

Schießausbildung in der Polizeischule Münster 1950/51

ZWISCHEN WOHLSTAND UND VERGESSEN

Die 1950er-Jahre

Die allgemeinen Existenzsorgen der ersten Nachkriegsjahre waren Anfang der 1950er-Jahre endgültig überwunden worden. Angesichts der rasanten wirtschaftlichen Entwicklungen und der Erhöhung des allgemeinen Wohlstandsniveaus machte schon bald das Schlagwort vom »Wirtschaftswunder« die Runde. Die politische Großwetterlage beruhigte sich dagegen weniger und wurde durch den sogenannten Kalten Krieg geprägt. Die Ost-West-Blockbildung, die sich nach dem Sieg über Deutschland herauskristallisierte, machte aus ehemaligen Verbündeten Gegner und den früheren Feind Deutschland zum Verbündeten. Mit der Teilung Deutschlands und der doppelten Staatsgründung von Bundesrepublik und DDR lief schließlich eine Frontlinie direkt durch Deutschland.

Die Westintegration der 1949 aus den drei westlichen Besatzungszonen gegründeten Bundesrepublik ging mit Zugeständnissen der Alliierten für den Aufbau ihrer Polizei einher. Neben den Länderpolizeien stellte schon bald auch der Bund eigene Polizeieinheiten auf. Dabei übernahm er nicht nur die Kosten für die 1951 in allen Bundesländern neu eingerichtete Bereitschaftspolizei, das heißt der geschlossenen Polizeieinheiten (Polizeihundertschaften), sondern es entstanden auch das Bundeskriminalamt (BKA) und der Bundesgrenzschutz (BGS).[27] Die

Zwei Gelsenkirchener Polizisten mit ihrem Dienstfahrzeug, einem VW Cabrio, Gelsenkirchen 1952

Einer der ersten Kradfahrer der neu gegründeten Einsatzhundertschaft auf einem Polizeimotorrad der Marke BMW, Essen 1951

Arbeit der Polizei fand nun vor dem Hintergrund der zunehmenden Normalisierung der sozialen und ökonomischen Verhältnisse statt. Schon bald boomte die Wirtschaft und der Wiederaufbau des Landes schritt schnell voran. Alte Polizeiwachen wurden wieder aufgebaut und neue errichtet. Nur zwei Jahre nachdem die britische Besatzungsmacht die Organisation und den Aufbau der Verwaltung in deutsche Verantwortung übergeben hatte, wurde in Nordrhein-Westfalen wieder eine flächendeckende staatliche Polizeiorganisation geschaffen, die der Dienstaufsicht des Innenministers unterstand. Denn aus Sicht des Innenministeriums konnte eine in kleine kommunale Einheiten gegliederte Polizei nur schwer eine effektive Strafverfolgung und Gefahrenabwehr nach einheitlichen Standards sicherstellen. Mit dem am 11. August 1953 vom Landtag beschlossenen Gesetz über die Organisation und die Zuständigkeit der Polizei in Nordrhein-Westfalen wurde die Polizei zentralisiert und verstaatlicht. Dies gilt als Geburtsstunde der heutigen Polizei des Landes Nordrhein-Westfalen. Mit der Rückkehr zu Weimarer Traditionen wurden wichtige Reformstränge der Briten zurückgedreht. Lediglich die mit der Trennung von Polizei- und Ordnungsbehörden eingeführte »Entpolizeilichung« setzte sich dauerhaft durch.[28]

Die staatliche Polizeiaufsicht früherer Zeiten wandelte sich zu einer staatlichen Polizeiverwaltung vor Ort. Zunächst galt das preußische Polizeiverwaltungsgesetz von 1931 mit einigen Änderungen weiter. Doch mit dem Ordnungsbehördengesetz von 1956 und dann mit dem Polizeigesetz von 1969 erfolgten notwendige Anpassungen der Polizeibefugnisse an die gesellschaftlichen und rechtsstaatlichen Verhältnisse der zweiten deutschen Demokratie.[29] Organisatorisch gliederte sich die Polizei in die Sparten Schutzpolizei, Wasserschutzpolizei, Bereitschaftspolizei und Kriminalpolizei. Die nachrichtendienstlichen Tätigkeiten im Innern, die bis 1945 von der Polizei wahrgenommen worden waren, gingen auf das neu geschaffene Landesamt für Verfassungsschutz über.[30] Das Innenministerium favorisierte nun auch wieder eine grüne Polizeiuniform. Die im Frühjahr 1955 landesweit eingeführte neue Polizeiuniform war jedoch nicht wie die grüne Uniform von 1937 militärisch ausgerichtet, sondern hatte mit offenem Rockkragen, Hemd und Krawatte zivilen Charakter. Als Kopfbedeckung diente eine Schirmmütze, der Tschako wurde nur noch ausnahmsweise zu besonderen Gelegenheiten oder bei der Bereitschaftspolizei getragen.[31] Bereits 1952 änderten sich auch die Dienstgradbezeichnungen. So wurde zum Beispiel der Dienstgrad »Inspektor« in »Kommissar« umbenannt.[32]

In der ersten Hälfte der 1950er-Jahre wuchs das Personalvolumen der Polizei weiter an und zwar von 22 000 Polizisten (1950) auf 26 178 Polizisten (1955). Am Ende des Jahrzehnts standen 26 537 Polizeibeamte im Landesdienst. Im gleichen Zeitraum erhöhte sich auch die Zahl der Einwohner Nordrhein-Westfalens. Gab es Anfang der 1950er-Jahre nur knapp 13 Millionen Nordrhein-Westfalen, stieg deren Anzahl bis 1955 auf 14,442 Millionen beziehungsweise 15,694 Mil-

Ein Dorf und zwei Länderpolizeien, 1955. Das Dorf wird durch den Bach (Bildmitte), der zugleich die Landesgrenze zwischen Rheinland-Pfalz und Nordrhein-Westfalen ist, getrennt. Die linke Dorfhälfte gehört zum nordrhein-westfälischen Opperzau (Gemeinde Windeck), die rechte Dorfhälfte zu Oppertsau (Gemeinde Fürthen).

Beamte der Hundertschaft in offenem Mannschaftswagen des Typs Opel Blitz auf dem Gelände der Bereitschaftspolizei, Essen-Bredeney vor 1955

Wasserwerfer Mercedes-Benz auf dem Gelände der Internationalen Polizeiausstellung in Essen 1956

Verkehrspolizeibeamte im Dienst am Gruga-Park in Essen, Anfang 1950

Fußstreife in Essen-Kupferdreh 1953

Fahndungsplakat nach einem Mord im Jahr 1954

Steckbrief

Gesucht wird wegen dringenden

Mordverdachtes

Karl-Heinz Bogacki

geb. 24. Januar 1931 in Wuppertal-Elberfeld
zuletzt wohnhaft in Bottrop, Windmühlenweg 19

alias **Ludwig Heinks**

geb. 24. Januar 1930 in Elberfeld

Er wird beschuldigt, in Dinslaken am 17. 10. 1954 die Ehefrau
Elisabeth Sträter, geb. Süselbeck
erschossen zu haben.
Bogacki, alias Heinks, ist seit dem 4. 11. 1954 flüchtig.

Personenbeschreibung:

ca. 180 cm groß, anscheinendes Alter 26/27, kräftig/sportliche Erscheinung, dichtes, langes, dunkelblondes/schwarzes Haar, ohne Scheitel, nach hinten gekämmt, meist eingeölt, dann eng anliegend.
Ohren mittelgroß, anliegend, volles Gesicht, etwas vorstehende Backenknochen, breite Stirn, Kinnpartie ziemlich schmal, blasse Gesichtsfarbe. - Trägt wahrscheinlich dunkelblauen Anzug. Meist ohne Kopfbedeckung.

Besondere Merkmale:

1. Glied am Mittelfinger der linken Hand fehlt. Sehnen im 2. u. 3. Glied dieses Fingers beschädigt. Kann 2. u. 3. Glied des Mittelfingers links nicht strecken. Narbe am Bauch in Nabelhöhe.

Bogacki ist im Besitz einer Flobert-Taschenpistole, Lauf ca. 20 cm lang u. Kleinkaliber-Munition Longrifle Kal. 22/5,6 mm

Amtsgericht Dinslaken

Die Kriminalhauptstelle Essen
weist daraufhin, daß für Angaben, die auf Wunsch vertraulich behandelt werden und die zur Ermittlung und Ergreifung des Täters führen, der Herr **Regierungspräsident in Düsseldorf** eine
Belohnung von 1000 DM
ausgesetzt hat, die unter Ausschluß des Rechtsweges gezahlt wird.

Polizeibeamte vor einem Streifenwagen des Typs Opel Kapitän, Mülheim 1953/54

Kradfahrer einer Einsatzhundertschaft aus Linnich 1955 in ihren für die damalige Zeit typischen Gummimänteln. Die Mäntel waren hinten in der unteren Hälfte geschlitzt und konnten dadurch so geknöpft werden, dass die untere Mantelhälfte die Beine der Beamten wie eine Hose umschloss.

Bürgerkontakt vor dem Hauptbahnhof, Essen 1950

lionen im Jahr 1960. Entsprechend variierte die Polizeidichte: 1950 kam auf 588 Einwohner ein Polizist, 1955 waren es 552 und 1960 dann 591 Einwohner pro Polizist.[33] Die wöchentliche Arbeitszeit betrug zunächst 48 und dann 45 Stunden. Die Polizeigewerkschaften monierten zeitgleich, dass die Besoldung der Polizeibeamten zu niedrig war. Im Vergleich zu den guten Verdienstmöglichkeiten im Montanbereich, in der Chemie- und Papierindustrie fielen die Bezüge im öffentlichen Dienst deutlich ab.[34]

Die Polizeilaufbahn war dreigeteilt und gliederte sich in den mittleren, gehobenen und höheren Dienst. Für die Ausbildung der Polizeianwärter im personalstarken mittleren Dienst war bis in die 1990er-Jahre die Bereitschaftspolizei zuständig. Die damit verbundene »Kasernierung« der Anwärter beförderte insbesondere in den ersten Nachkriegsjahrzehnten eine berufsständische Sozialisierung. So keimten auch in der nordrhein-westfälischen Polizei wieder der »militärische Habitus« und das Ideal einer autoritär strukturierten, kameradschaftlich orientierten Dienstgemeinschaft von Männern auf, die sich von den polizeilichen Truppenverbänden vergangener Jahre kaum unterschied. Die jungen Anwärter waren zu »Disziplin, Mut, Härte und Tatkraft« zu erziehen.[35] Damit konnten zunächst auch alte Denkmuster und Freund-Feind-Bilder überdauern.[36] Die Polizei richtete ihre Ausbildung und Ausrüstung nicht zuletzt an Vorstellungen von kommunistisch gelenkten Unruhen und Aufständen sowie überhaupt an den bürgerkriegsähnlichen Auseinandersetzungen der 1920er- und 1930er-Jahre aus. Ein Großteil der Ausbildung war daher durch den praktischen »Dienst auf der Straße« und entsprechende Kampfschulungen geprägt. Erst in den 1960er-Jahren trat dieser Ausbildungsteil hinter einen fundierten Fachunterricht zurück.[37] Das allgemeine Demokratieverständnis war – wie überall in der Gesellschaft – noch sehr formal ausgerichtet und erschöpfte sich zumeist in einer regelkonformen Diensttätigkeit. Noch 1958 sah sich der Innenminister veranlasst, per Runderlass die weitgehend militärisch sozialisierten Polizeibeamten zu ermahnen, dass »ein höflicher Ton im Behördenverkehr eine der selbstverständlichen Grundregeln eines demokratischen Staates« sei, der »seinen Bürgern dienen und helfen« wolle. Auch fünf Jahre später erinnerte der Innenminister an diese Verhaltensregel.[38]

Eingang der Bereitschaftspolizei-Abteilung I in Selm-Bork im Winter 1959/60, links im Bild das Stabsgebäude

Innenleben eines Streifenwagens, Essen 1955. Der Wagen ist bereits mit einem Funkgerät des Herstellers Siemens & Halske – am Bakelithörer auf dem Armaturenbrett erkennbar – und einem Fotoapparat ausgestattet.

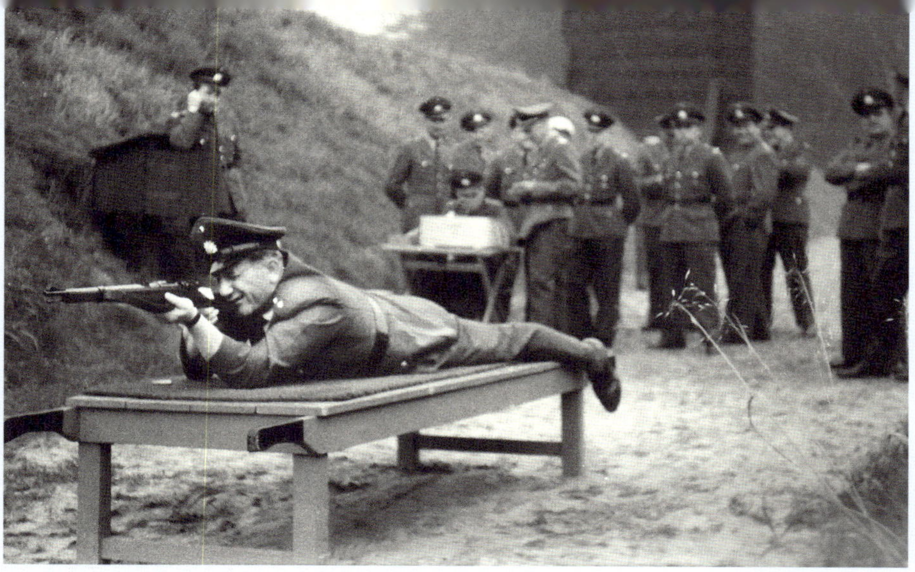

Schießausbildung der Polizei in der Kaserne, Essen-Kupferdreh um 1955

Körperertüchtigung in der Polizeischule Münster 1950/51

Marschübung auf dem Gelände der Landespolizeischule »Carl Severing« in Münster 1958/59

»Budenzauber« in der Polizeischule an der Tannenstraße, Düsseldorf 1956

Stubendurchgang in der Landespolizeischule »Carl Severing« in Münster 1958/59

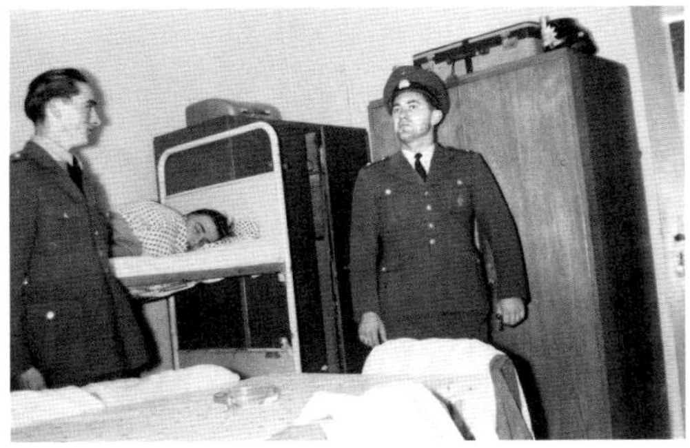

Die Ausbildung des gehobenen und höheren Dienstes fand in jenen Jahren für alle Bundesländer gemeinsam am Polizeiinstitut in Hiltrup statt. Während die Polizeibeamten des höheren Dienstes bis zum heutigen Tag in Münster-Hiltrup ausgebildet werden, ging die Ausbildung für den gehobenen Dienst, das heißt für die Kommissaranwärter, bereits Ende der 1960er-Jahre wieder in die jeweilige Landeszuständigkeit über. Seit 1976 studierten die Polizeianwärter des gehobenen Dienstes an der neu eingerichteten Fachhochschule für öffentliche Verwaltung Nordrhein-Westfalen.

In den 1950er-Jahren sah sich die Polizei mit den Jugend- und »Halbstarken«-Krawallen konfrontiert. Angeheizt durch den US-amerikanischen Rock'n'Roll-Film »Außer Rand und Band« (Rock Around The Clock, 1956) versammelten sich immer wieder zahlreiche Jugendliche und junge Erwachsene vor Kinos und Musikhallen und fielen durch lautes Rufen, Lärmen und Rüpeleien auf. Häufiger traten nun auch »gammelnde« Jugendgruppen in Parks, auf Markt- und Kirmesplätzen in Erscheinung. Die Polizei löste diese Ansammlungen in der Regel wegen Ruhestörungen oder Verkehrsbehinderungen auf. Für Duisburg berichtete die Westdeutsche Allgemeine Zeitung etwa am 18. September 1956: »Erneute Ansammlungen von Jugendlichen und Heranwachsenden am Montagabend in der Duisburger Innenstadt wurden sofort von der Polizei zerstreut. Es kam zu keinen Ausschreitungen, doch wurden weitere 35 Jugendliche vorläufig festgenommen und nach der Vernehmung wieder entlassen.«[39] Für die Jahre von 1956 bis 1958 sind bundesweit etwa 350 solcher Vorkommnisse mit je 50 bis 1 000 Beteiligten vermerkt.[40] Die in diesen Jahren zum Teil überzogenen Polizeireaktionen gegenüber den Jugendlichen zeugen von der Überforderung der Beamten und dem Fehlen klarer Vorgehensvorschriften.

Seit Anfang des Jahrzehnts nahmen auch die Proteste gegen die Wiederbewaffnung der Bundesrepublik und die Einrichtung der Bundeswehr zu. Die am 11. Mai 1952 in Essen gegen die Remilitarisierung geplante »Friedenskarawane«, an der sich mehrere Tausend Jugendliche und junge Erwachsene aus der ganzen Bundesrepublik beteiligen wollten, wurde kurzfristig verboten, gleichwohl reisten nicht alle Demonstranten sofort wieder ab. Es kam zu Auseinandersetzungen mit der Polizei. Dabei wurde der 21-jährige gelernte Schlosser und Kommunist Philipp Müller durch zwei Polizeikugeln getötet.[41] Müller war der erste Demonstrant, der in der Bundesrepublik durch eine Polizeikugel den Tod fand; 15 Jahre später, am 2. Juni 1967, wurde Benno Ohnesorg in Berlin erschossen.

In den 1950er-Jahren prägte insbesondere die zunehmende Massenmotorisierung der Gesellschaft die Polizeiarbeit. In den städtischen Ballungsräumen an Rhein und Ruhr kam es – im Vergleich zu heute – zu überdurchschnittlich vielen Verkehrsunfällen und insbesondere auch zu zahlreichen Verkehrstoten. Im Jahr 1956 registrierte die Polizei bundesweit 625 546 Unfälle mit 361 052 Verletzten und 12 883 Toten, zwei Jahre später waren es 703 866 Unfälle mit 350 913 Verletzten und 11 665 Toten.[42] Die Regulierung und Überwachung des Straßenverkehrs sowie die Verkehrserziehung wurden somit immer wichtiger. Um diesen Aufgaben besser gerecht werden zu können, musste auch die Polizei technisch modernisiert werden. Sie erhielt neue Motorräder und Kraftwagen der Marken Volkswagen, Opel oder Mercedes.[43] 1957 wurde der »Zentrale Funkstreifendienst« durch den »motorisierten Streifendienst« ersetzt. Während der Zentrale Funkstreifendienst als Dienststelle alle Funkstreifenwagen von einem zentralen Ort aus Einsätze und Streifen fahren ließ, wurden die Streifenwagen nun auf die Polizeireviere verteilt, sodass die Fahrzeuge dezentral von jedem Revier aus starteten und dadurch ihre Anfahrtswege zu den Einsatzorten verkürzten. Zudem verfügte der Wachdienst nun über Handfunkgeräte. Mit der Etablierung des Funkstreifendienstes erfolgte auch eine Neuorganisation der Polizeireviere. Zahlreiche Polizeireviere wurden aufgelöst und deren Aufgaben auf die verbliebenen Polizeidienststellen verteilt, sodass sich auch die Einsatzgebiete vergrößerten.[44] Weitere Umstrukturierungen des Schutzpolizeidienstes sollten in den nächsten Jahren folgen.

Standkontrolle, Essen um 1955. Ein Hanomag-Lkw wird angehalten. Der Beamte im Vordergrund trägt ein mobiles Funkgerät mit Schulterriemen auf dem Rücken.

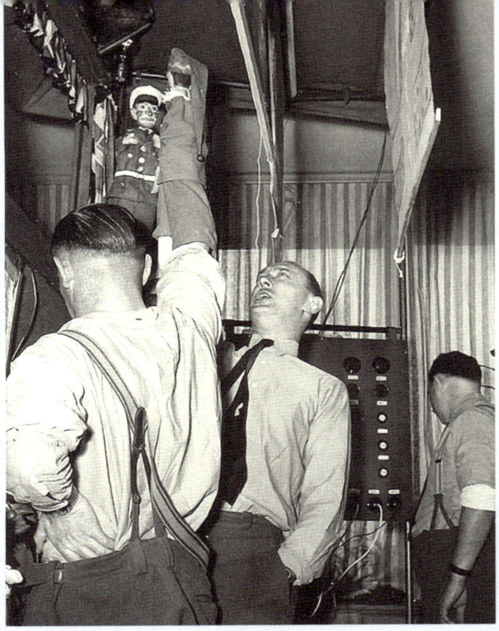

Verkehrspuppenbühne der Polizei bei einer Aufführung, Essen um 1955

Geschwindigkeitsmessung durch Nachfahren, Essen um 1955. Auf dem rechten Kotflügel eines Zivilwagens der Polizei war ein großer Tachometer montiert. Bei der Verfolgung eines Fahrzeugs und der Messung der Fahrgeschwindigkeit wurden durch eine Kamera an der Frontscheibe zeitgleich das verfolgte Fahrzeug und der Tachometer fotografiert. Auf diese Weise konnten für das Ordnungswidrigkeitenverfahren Beweisfotos gefertigt werden.

Eine im Rahmen der Internationalen Polizeiausstellung (IPA) in Essen eingerichtete Jugendverkehrsschule im Jahr 1956

Werbeanzeige der Volkswagen AG für den Einsatz von VW-Bussen als Polizeifahrzeuge aus dem Jahr 1956

Mit dem Porsche auf Jagd nach Verkehrssündern. Verkehrskontrolle auf der Autobahn im Regierungsbezirk Düsseldorf Anfang der 1960er-Jahre

1956 wurden die Landesautobahnzüge Rheinland und Westfalen aufgestellt, die sogenannten Porsche-Züge. Dabei handelte es sich um eine Sondereinheit der Autobahnpolizei, damals noch »Verkehrsüberwachungsbereitschaft« genannt. Ein Grund für die Anschaffung von Porsche-Dienstfahrzeugen war die »überholende Verkehrsüberwachung«. Die Polizeifahrzeuge überholten die Verkehrsteilnehmer, um Geschwindigkeitsübertretungen ahnden zu können. Dies war mit dem langsameren Dienstfahrzeug VW-Käfer immer schwerer umzusetzen. Mit dem zunächst 60 bis 75 PS starken und bis zu 160 und 175 Stundenkilometer schnellen Porsche 356 Cabriolet sollte die Verkehrsüberwachung auf den Autobahnen verbessert werden. Aufgrund ihrer weißen Uniformen mit weißem Helm wurden die Beamten und die Verkehrspolizisten auf dem Motorrad häufig als »Weiße Mäuse« bezeichnet.[45]

Bei diesen Modernisierungen wurde auch Kritik laut, denn mit der Ablösung der Fußstreife durch den Funkstreifenwagen entstand eine Distanz zwischen Polizei und Bevölkerung, eine »Kontaktlücke«. Die Polizei hielt jedoch am eingeschlagenen Weg fest und stellte unbeirrt ihre Arbeit und Leistungsfähigkeit heraus. Regelmäßig fanden Polizeisportschauen statt, die von der Bevölkerung gut besucht wurden. Um die Fitness der Polizisten und die Vielseitigkeit der Polizeitätigkeit zu demonstrieren, wurden auf diesen jährlichen Großveranstaltungen Einsätze nachgespielt, es gab sportliche Kunststücke, Wettbewerbe und Musik. Ebenso führte die Polizei ihre Diensthunde, die Pferdestaffel und die Motorradstaffel vor. Diese Leistungsschauen sollten das Vertrauen der Bevölkerung gegenüber der Polizei stärken und für die Institution werben, um Nachwuchskräfte zu gewinnen. Der damalige Innenminister Hubert Biernat (SPD) hob in seiner Rede zur Eröffnung der »Internationalen Polizeiausstellung« 1956 in Essen die Bedeutung des Polizeisports hervor, da der Polizeiberuf geistige und körperliche Spannkraft und Training von den Polizeibeamten erwarte.[46]

Beamte der Polizei bei einem Fußballspiel im Rahmen einer Polizeisportschau in Essen-Bergerhausen Mitte der 1950er-Jahre. Eine der Mannschaften hat sich für das Spiel als »Neger« verkleidet.

Motorradpolizisten vor ihrem Einsatz in Bonn Ende der 1960er-Jahre. Sie wurden aufgrund ihrer Uniform im Volksmund auch als »Weiße Mäuse« bezeichnet.

Polizeibeamte führen im Rahmen der Internationalen Polizeiausstellung in Essen 1956 ausländischen Polizeivertretern die deutsche Polizeifunktechnik vor, hier einem Polizisten aus Äthiopien (2. von links).

Polizeifunk im Polizeipräsidium Duisburg, 4. April 1950

Demonstration eines Banküberfalls in Huckingen auf der Polizeisportschau im Wedau-Stadion, Duisburg 1957

Pyramide der Polizeikraftfahrstaffel, Essen um 1955

Auf der Suche nach neuem Personal. Werbeplakat des Werbe- und Auswahldienstes der Landespolizeischule »Carl Severing«, Münster Anfang der 1960er-Jahre

ALTE DENKMUSTER UND GESELLSCHAFTLICHER AUFBRUCH

Die 1960er-Jahre

Wenngleich der Nachkriegswirtschaftsboom mit der Bergbaukrise erste Eintrübungen erfuhr, erhöhte sich der allgemeine Lebensstandard weiter. Überhaupt gelten die 1960er-Jahre als Zeit des politischen, gesellschaftlichen und kulturellen Aufbruchs in Westdeutschland.[47] Auf Nachkriegszeit und Wiederaufbau folgte eine Zeit tiefgreifenden Wandels. Mit neuen Mitbestimmungsforderungen, Fragen der Verjährung von NS-Verbrechen und Wahlerfolgen der NPD traten Veränderungen in Lebensweise und politischer Kultur offen zutage. Ein Jahr wurde zu einem Begriff: »1968«. Notstandsgesetze, das Fehlen einer starken Opposition im Bundestag und erstarrte Gesellschaftsstrukturen waren wesentliche Ansatzpunkte für die Bildung der Außerparlamentarischen Opposition (APO). Nicht zuletzt die mangelhafte Auseinandersetzung mit der NS-Vergangenheit mobilisierte die Nachkriegsgeneration. Die Parole »Unter den Talaren – Muff von 1 000 Jahren« bündelte die Kritik der Studentenbewegung. In Anspielung auf das »Dritte Reich« wurden etablierte Schul- und Hochschulstrukturen und schließlich grundsätzliche gesellschaftliche Konventionen infrage gestellt. Die Forderungen betrafen zunächst die Liberalisierung und Demokratisierung von Ausbildungs- und Studienbedingungen durch Mitbestimmung von Schülern, Auszubildenden und Studierenden. Doch schon bald gingen die Kritikpunkte weit darüber hinaus und die Aktionisten bezogen sich in den Protestmärschen und Demonstrationsveranstaltungen allgemein auf Missstände in der Bundesrepublik und überhaupt in der Welt.[48]

Weihnachten in der Einsatzleitstelle, Essen zweite Hälfte der 1960er-Jahre

Funksprech- und Aufnahmeraum der Einsatzleitstelle, Essen 1961

Studierende protestieren am 25. April 1968 in Düsseldorf gegen die Vorlage eines ihrer Ansicht nach unzureichenden Akademiegesetzes im Landtag.

Dieser gesellschaftliche Aufbruch zeichnete sich zunächst besonders deutlich in den größeren Städten ab. Die »neue« Politisierung der Gesellschaft spiegelte sich in vielfältiger Weise wider, so etwa auch, als die Fahrpreise im öffentlichen Personennahverkehr angehoben wurden. Diese Preiserhöhung rief im Juni 1969 in Hannover und im März 1971 in Dortmund, aber auch in Städten wie Bochum, Gelsenkirchen oder Witten vor allem bei Jugendlichen erhebliche Proteste hervor, die von der DKP und sozialistischen Verbänden forciert wurden und auch zu Zusammenstößen mit der Polizei führten. Die Dortmunder Staatsanwaltschaft bilanzierte Anfang April 1971 mehr als 300 vorläufige Festnahmen. Gleichzeitig solidarisierten sich in friedlichen Aktionen Autofahrer und Nutzer des öffentlichen Personennahverkehrs unter dem Symbol des »Roten Punkts«: Pkw-Fahrer mit rotem Punkt an der Windschutzscheibe nahmen die an den Bahn- und Bushaltestellen wartenden Personen unentgeltlich mit.[49]

Die gesellschaftlichen Veränderungen der 1960er-Jahre stellten die Polizei vor neue Aufgaben. Das Jahrzehnt gilt als »Scharnierzeit« des Wandels der Organisation von einer noch stark durch Weimarer Traditionen und NS-Vergangenheit geprägten Ordnungsmacht der 1950er-Jahre zur modernen Polizei der 1970er-Jahre.[50] Wurde sie zunächst vor allem als Garantin für den Schutz des neuen Staates betrachtet, so stand nun stärker die alltägliche Arbeit der (Schutz- und Bereitschafts-)Polizei im politischen und gesellschaftlichen Fokus. Rein statistisch betrachtet war die Diensttätigkeit dabei sicherer geworden, zumindest mit Blick auf die Anzahl der tödlichen Dienstunfälle. In den unmittelbaren Nachkriegsmonaten war die Tätigkeit der Polizei am gefährlichsten, und zahlreiche Polizeibeamte kamen während ihrer Dienstausübung zu Tode. Dieses Risiko hatte sich in den 1960er-Jahren relativiert und war nicht mehr außergewöhnlich hoch: 1965 lag die Anzahl der tödlichen Dienstunfälle mit 0,2 Promille unter der Quote der Tiefbauarbeiter (0,9 Promille).[51]

Die tägliche Routinearbeit der Polizei war insbesondere durch den weiter anwachsenden Straßenverkehr und die Bemühungen zur Verbesserung der Verkehrssicherheit geprägt. Gleichzeitig schockierten Fälle wie die Taten des Langenberger Pädophilen und Serienmörders Jürgen

Rote-Punkt-Demonstration in der Essener Innenstadt 1971. Im Rahmen der Aktion »Roter Punkt« kam es in Nordrhein-Westfalen von Ende der 1960er- bis Anfang der 1970er-Jahre zu zahlreichen Protestaktionen gegen Fahrpreiserhöhungen im öffentlichen Personennahverkehr.

Übung der Polizei mit Hubschrauber, Essen frühe 1960er-Jahre. Es dürfte sich hier um eine Leihmaschine handeln, da die nordrhein-westfälische Polizei Fluggeräte dieses Typs nicht im eigenen Bestand hatte.

Kradfahrer der Polizei auf Motorrädern der Marke DKW, Essen 1962

Die Reiterstaffel beim Aufsichtsdienst vor einem Heimspiel des Bundesliga-Fußballvereins Rot-Weiß Essen 1960. Fußballgewalt war zu dieser Zeit kein Thema, die Fans kamen in Schlips und Kragen.

Blick aus den Katakomben. Fußballspiel MSV Duisburg – FC Bayern München im Wedau-Stadion, Duisburg 14. Mai 1966

Werbung für die Polizei-Sport- und Musikschau in Essen 1967. Angekündigt wird eine Veranstaltung unter Moderation des bekannten Entertainers Peter Frankenfeld.

Der »Menschenfresser von Duisburg«. Rekonstruktion eines Tathergangs durch Polizeikräfte mit dem Serienmörder Joachim Kroll (Mitte) am Rheinufer, Duisburg 1976

VW Käfer gegen Opel Rekord. Unfallaufnahme nach Verkehrsunfall in Ostwestfalen 1962

Verkehrskontrolle im Kreis Düren um 1960

Bartsch oder des »Kannibalen von Duisburg«, Joachim Kroll, die Öffentlichkeit. Bartsch hatte zwischen 1962 und 1966 vier Jungen gequält und getötet. Er wurde im Juni 1966 verhaftet und schließlich zu lebenslanger Haft verurteilt.[52] Kroll blieb länger unentdeckt. Er hatte seit Mitte der 1950er-Jahre bis zu seiner Verhaftung 1976 mindestens acht Menschen ermordet und zum Teil gegessen.[53]

Neben der Verbrechensbekämpfung beschäftigten aber auch turbulente Großereignisse, Staatsbesuche und Studentenunruhen die Polizei. Mit der Bundeshauptstadt Bonn lag das politische Herz Westdeutschlands in Nordrhein-Westfalen. Eine Reihe von Staatsbesuchen dokumentierte die wachsende politische und wirtschaftliche Bedeutung der Bundesrepublik im westlichen Militär- und Wirtschaftsbündnis. Für die Landespolizei bedeutete dies in Zusammenarbeit mit der Sicherungsgruppe Bonn des Bundeskriminalamtes eine wachsende Zahl von Großeinsätzen. So begann der US-amerikanische Präsident John F. Kennedy im Juni 1963 seine Deutschlandreise in Nordrhein-Westfalen, um dann drei Tage später vor dem Schöneberger Rathaus mit den legendären Worten »Ich bin ein Berliner« die amerikanische Unterstützung zu unterstreichen. Nur zwei Jahre später kam die englische Königin Elisabeth II. erstmals nach dem Krieg nach Deutschland. Der königliche Besuch war ein Zeichen der Versöhnung zwischen den ehemaligen Kriegsgegnern und eine Würdigung der Wiederaufbauleistungen in Deutschland. In Nordrhein-Westfalen, dem Bundesland, an dessen Entstehung die Briten maßgeblich beteiligt waren, besuchte sie unter anderem Bonn, Köln, Düsseldorf und Duisburg.[54]

Polizeieskorte, vermutlich in Bonn Mitte der 1960er-Jahre

Duisburg empfängt die Queen. Polizeieskorte, die die Wagenkolonne mit Königin Elisabeth II. zum Mannesmann-Werk anführt, Duisburg Huckingen 25. Mai 1965.

Großeinsatz der Polizei in Bonn: der Besuch des Schahs von Persien (2. von rechts mit Sonnenbrille), auf der Rheinfähre im Mai 1967

1967 war es der Staatsbesuch des Schahs von Persien, Mohammad Reza Pahlavi, der zum politischen und polizeilichen Großereignis wurde. Der Staatsbesuch war von Anfang an heftig umstritten, da dem Schah schwere Menschenrechtsverletzungen im eigenen Land vorgeworfen wurden. Zahlreicher Protest formierte sich gegen den Besuch, und entsprechend wurden höchste Sicherheitsvorkehrungen getroffen. Allein in Nordrhein-Westfalen waren 4 000 uniformierte Polizisten und 680 Kriminalbeamte im Einsatz, als das persische Königspaar zu Gast war. Nur wenige Tage später eskalierte dann in Berlin am 2. Juni die Situation zwischen den Protestierenden und der Polizei. Dabei wurde der Student Benno Ohnesorg von einem Polizisten in den Hinterkopf geschossen und starb.[55] Die anschließende Relativierung der Ereignisse durch Politik und Polizei führte nicht zuletzt zur Radikalisierung von Randgruppen der Studentenbewegung, sodass der 2. Juni auch als Schlüsselereignis für den späteren Linksterrorismus (RAF, Bewegung 2. Juni) in Deutschland gilt. Sehr viel später stellte sich dann heraus, dass der Todesschütze, der Westberliner Kriminalobermeister Karl-Heinz Kurras, zwar Mitarbeiter der Stasi war, ein Zusammenhang mit dem gezielten Kopfschuss auf den wehrlosen Ohnesorg konnte diesbezüglich aber nicht ermittelt werden.

Anfang der 1960er-Jahre wurde die Polizei von ihrer nationalsozialistischen Vergangenheit eingeholt. Gewerkschaften (ÖTV, DGB, GdP) und Politiker diskutierten 1963 über die Gewaltverbrechen der Polizei während des Krieges. Anders als zuvor, als die Mitgliedschaft einzelner Beamte in verbrecherischen NS-Organisationen wie SS, SD oder Gestapo thematisiert worden war, stand nun die Rolle der damaligen Ordnungspolizei im Holocaust und damit der Schutzpolizei als solcher im öffentlichen Fokus.[56] Es setzten vielfältige Ermittlungen und Zeugenvernehmungen innerhalb der Behörden ein, die jedoch häufig ins Leere liefen und nicht zu Anklageerhebungen führten. Die Reichweite der lebhaft geführten Debatten blieb damit zumeist begrenzt, und die Diskussionen endeten in der Regel mit Schuldabwehr, Gleichgültigkeit und Verdrängung seitens der Polizei. Die Beschuldigten, die häufig noch immer aktive Polizeibeamte waren, verharmlosten die Tätigkeit der Polizeibataillone in Osteuropa, verwiesen auf Befehlsstrukturen und hoben in einer Aufrechnungsmentalität die eigenen Opfer hervor.[57] 1967 kam es dann allerdings zu einem vielbeachteten Prozess gegen Angehörige eines ehemaligen Polizeibataillons. Im Białystok-Prozess am Landgericht in Wuppertal hatten sich 14 frühere Angehörige des Polizeibataillons 309 von Oktober 1967 bis März 1968 zu verantworten. Die Polizeieinheit, deren Angehörige aus dem Umfeld von Köln stammten, hatte im Jahr 1941 in Białystok etwa 2 000 Juden ermordet. Der Prozess endete zunächst mit hohen Haftstrafen für die Angeklagten. Nachdem die Urteile jedoch wegen eines Verfahrensfehlers vom Bundesgerichtshof aufgehoben worden waren und die Verhandlungen 1973 wiederholt werden mussten, erhielten die Angeklagten mildere Strafen. Trotz des

Vorbereitung einer Polizeieskorte anlässlich des Besuchs des amerikanischen Präsidenten Richard Nixon im Februar 1969. Rechts im Bild der damalige Leiter des Ständigen Eskortendienstes der Bonner Polizei, Polizeihauptkommissar Pünder

Kleine Pause im Uhlenhorstwald, Mülheim/Ruhr 1964

Junger Beamter im Grundlehrgang in seiner Stube in der Polizeischule in Münster 1965

Lehrwache der Landespolizeischule in Selm-Bork 1963

Lehrwache der Landespolizeischule in Selm-Bork 1963

kritischeren Umgangs mit der NS-Vergangenheit und der offen benannten Beteiligung der Polizei am Holocaust hielt sich innerhalb und auch außerhalb der Polizei hartnäckig der Mythos von der moralisch sauber gebliebenen Polizei im »Partisanen- und Bandenkampf« des Zweiten Weltkrieges. Die damit verbundene Verschleierung und Verdrängung blieb bis in die 1990er-Jahre prägend für die Beurteilung der Tätigkeit der Polizei im NS-Regime.[58]

Die Ausbildung der Schutzpolizisten in den kasernierten Einheiten der Bereitschaftspolizei und überhaupt der Führungsstil und die Umgangsformen innerhalb der Polizei orientierten sich in den 1960er-Jahren noch immer weitgehend an militärischen Vorbildern und Traditionen. Die damit einhergehende männerbündische »Gemeinschaftskultur« in der Polizei und ihr Selbstverständnis als Gefahrengemeinschaft, die den Staat zu schützen hatte, postulierten die überkommenen polizeilichen Tugenden und Leitbilder wie Ordnung, Sauberkeit und Kameradschaft.[59] Ein solches Polizeiverständnis schien jedoch dem gesellschaftlichen Wandel kaum noch gerecht zu werden. Studentenproteste oder die steigende Anzahl von (Groß-)Demonstrationen leiteten schließlich bei der Polizei Lern- und Reformprozesse ein. Demonstrationsveranstaltungen und politischer Protest mussten aus Polizeisicht nicht nur neu bewertet werden, sondern überhaupt waren das Selbstverständnis der Polizei und ihre militärischen Handlungsstrategien mit »Greiftrupps« in einer demokratischen Gesellschaft zu hinterfragen. Wenn auch das Verhältnis zwischen Bürger und Polizei in den 1960er-Jahren noch obrigkeitsstaatlich geprägt war, sind erste Reformansätze in der Polizeiausbildung erkennbar.[60]

Die polizeiliche Grundausbildung dauerte nun ein Jahr (42 Wochen) und enthielt die Bereiche allgemeinbildender Unterricht (Deutsch, Landes- und Volkskunde), Fachunterricht, »Körperertüchtigung« (Judo-Selbstverteidigung) und die Einzelausbildung (praktische Ausbildung, Waffenkunde, Einsatzmittellehre, Schießausbildung und Schießlehre). Hieran schloss sich eine zweijährige Weiterbildung in der Bereitschaftspolizei an. Die Lehrpläne für die Ausbildung in der Schutzpolizei aus dem Jahr 1963 wiesen neben Waffen- und Geländeausbildung auch einen erheblichen Stundenanteil an juristischem Fachunterricht in Polizei- und Ordnungsrecht, Straf- und Strafprozessrecht, Verkehrsrecht und Beamtenrecht aus. Des Weiteren wurden Staatsbürgerkunde, Polizeidienstkunde, Berufsethik und Gesundheitsfürsorge gelehrt.[61]

In den 1960er-Jahren traten immer häufiger junge Männer ohne nationalsozialistische Polizeisozialisation in den Dienst der Polizei. Die Zahl der Polizeibeamten erhöhte sich im Verhältnis schneller als die Einwohnerzahl Nordrhein-Westfalens: 1960 gab es 26 537 Polizeibeamte, zehn Jahre später waren es 32 610. Im gleichen Zeitraum wuchs die Bevölkerung von 15,694 Millionen Einwohnern (1960) auf 16,914 Millionen an. Das Verhältnis von Einwohnern zu Polizeibeamten sank im Lauf des Jahrzehnts von 591 (1960) auf 519 (1970).[62]

Kradfahrer der Polizei auf einer BMW mit der »Gläser-Verkleidung«, Essen in der ersten Hälfte der 1970er-Jahre

REFORM UND TERRORISMUS

Die 1970er-Jahre

Die deutlichen gesellschaftlichen Veränderungen zeichneten sich immer stärker auch innerhalb der Polizei ab. Die Erkenntnis, dass das überkommene Selbstverständnis und Berufsbild der Polizei kaum für den Einsatz in einer demokratischen Verfassung geeignet war, führte zu einem neuen Diskussions- und Reformprozess. Nun wurden die Grundlagen für eine moderne Polizei gelegt, wie sie sich heute präsentiert.[63] Anfang der 1970er-Jahre wurde das Idealbild einer bürgernahen Polizei gezeichnet, die sich endgültig von ihren militärischen beziehungsweise paramilitärischen Traditionen verabschiedet hatte. Mit den angestoßenen Reformen reagierte man zum einen auf veränderte gesellschaftliche Erwartungen an die Polizei, zum anderen setzte sich auch mehr und mehr eine neue Generation von Führungskräften innerhalb der Polizei durch. Diese jungen leitenden Polizeibeamten forcierten neue Einsatzkonzepte mit deeskalierenden Taktiken und drängten auf juristische Neuregelungen zum Beispiel im Versammlungsrecht.[64] Die Vorstellung, dass der Polizeibeamte als »Sozialingenieur« agieren könne, ging mit der Forderung einher, dass die praktische Polizeitätigkeit stärker auf wissenschaftliche Grundlagen gestellt werde. Die Einrichtung der Fachhochschule für öffentliche Verwaltung NRW 1976 beförderte eine Akademisierung der Polizei.[65] Von nun an war die Ausbildung zum gehobenen Polizeidienst mit einem Studium verbunden. Überhaupt sollten die neuen sozialwissenschaftlich gestützten Leitlinien polizeilicher Einsätze mehr in die Polizeiausbildung einfließen. Der Fachunterricht, der »stärker die Belange des polizeilichen Einzeldienstes« thematisierte, wurde aufgewertet.[66] Das Studium beinhaltete neben den juristischen Inhalten wie Staats- und Verfassungsrecht, Strafrecht/Strafprozessrecht, Ordnungswidrigkeitenrecht, Zivilrecht und Öffentliches Dienstrecht auch Fächer wie Kriminalistik, Einsatzlehre, Politikwissenschaft, Soziologie, Psychologie und Pädagogik. Beamte der Schutzpolizei wurden darüber hinaus in Verkehrslehre und Beamte der Kriminalpolizei für einige Jahre in Kriminologie und Kriminalistik unterrichtet.[67]

Alkoholkontrolle in der Innenstadt, Essen in den frühen 1970er-Jahren. Eine für damalige Schulungszwecke gestellte Szene

Zwei Beamte der »Kirmes-Wache« auf der Düsseldorfer Rhein-Kirmes 1978

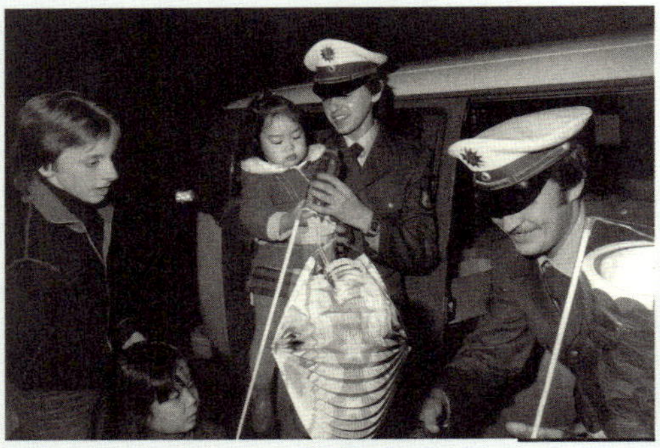

Polizisten betreuen Kinder eines Sankt-Martin-Zuges, Düsseldorf 1977. Die Beamten tragen bereits die gerade erst eingeführten neuen grün-beigen Uniformen.

Das Polizeimusikkorps unterhält die Bürger mit einem Konzert, Düsseldorf 1978.

Präsentation von Drogenutensilien durch Beamte des Rauschgiftkommissariats, Essen Mitte der 1970er-Jahre

Spurensicherer der Kripo gießen an einem Tatort eine Schuhspur mit Gips aus, Essen Anfang der 1970er-Jahre.

Ein Daktyloskop gleicht unter einer Lupe eine Tatortfingerspur mit Fingerabdrücken erkennungsdienstlich behandelter Personen ab, Januar 1973. In den Karteikästen befinden sich – nach Mustern geordnet – Fingerabdrücke von Personen, die in der Vergangenheit bereits polizeilich aufgefallen sind.

Die Polizei änderte auch ihre Strategien und Taktiken zur Bewältigung von Einsatzlagen. Rein militärisch orientierte Vorgehensweisen wie »Greifkommandos« und »Einkesselungen«, bei denen Demonstranten als anonyme, »akute Masse« betrachtet wurden, die es zur Durchsetzung staatlich verordneter Ruhe zu zerschlagen galt, erschienen nicht mehr zeitgemäß. Das Gespräch mit den Demonstranten, bislang als Schwäche ausgelegt, wurde nun vermehrt gesucht. Neue Konzepte sollten Eskalationen vermeiden und den Dialog mit der Zivilgesellschaft fördern. Sie fußten nun auf Öffentlichkeitsarbeit, Gesprächen mit Aktionsgruppen und Demonstranten, größerer Toleranz und auch auf der Reglementierung eines martialischen Auftretens.[68] War die Polizei vor allem in den frühen 1960er-Jahren in ihren Einsätzen noch wie die preußische Schutzpolizei der Weimarer Jahre aufgetreten, zeigten die folgenden Jahren deutlich, dass innerhalb der Polizei zwei Lager existierten: Während die »Patriarchen« in der Polizei, deren Biografien und Werdegänge noch durch den Nationalsozialismus geprägt waren, oftmals für polizeiliche »Härte« plädierten, sahen die »Modernisierer«, zumeist jüngere Kollegen, die polizeiliche Zukunft in Teamwork und Transparenz.[69] Dies hatte auch Auswirkungen auf das äußere Erscheinungsbild der Polizei. Vor allem junge Polizisten griffen zeitgenössische Modetrends auf und testeten die Grenzen der erlaubten Haarlänge aus. 1972 trat dann der sogenannte Haarerlass in Kraft, durch den die Bart- und Haartracht des Polizeibeamten geregelt wurde.[70]

Die Reformbestrebungen wurden zwar auch von einem Beharrungswillen innerhalb der Polizei gefährdet, sehr viel stärker wurden sie aber durch den aufkommenden Terrorismus der Roten Armee Fraktion (RAF) und anderer linksextremer Gruppierungen infrage gestellt. Allgemeine Unsicherheiten in Staat und Gesellschaft führten zu widersprüchlichen Forderungen an die Polizei. Im Gegensatz zur Vorstellung einer »bürgernahen Polizei«, wie sie etwa vonseiten der Gewerkschaft der Polizei unter Kurt Gintzel formuliert wurde, bekannte sich der nordrhein-westfälische Innenminister Willi Weyer vor dem Hintergrund des Linksterrorismus zu Härte und einer starken Polizei. Der Polizeibeamte gehöre keiner karitativen Einrichtung an und sei auch nicht an einer Sozialakademie oder kirchlichen Hochschule ausgebildet worden.[71]

Hilferuf oder Besitzerstolz? Beamte einer Düsseldorfer Polizeiwache 1979 vor ihrem betagten Einsatzfahrzeug

Aktion »Ein Herz für Kinder«, Düsseldorf 1979. Die Aktion, die auf die gleichnamige, vom Verleger Axel Springer gegründete Organisation zurückgeht, machte sich für die Sicherheit von Kindern im Straßenverkehr stark. Links im Bild der Düsseldorfer Polizeipräsident Horst Jäger

Großeinsatz anlässlich des Besuchs des chinesischen Ministerpräsidenten Hua Guofeng, Düsseldorf im Oktober 1979. Der Staatsgast und seine Delegation sind mit Bundesgrenzschutz-Hubschraubern in den Rheinwiesen gelandet.

Gemeinsames Schießtraining von Beamten der Schutz- und Kriminalpolizei, Essen erste Hälfte der 1970er-Jahre

Beamte der Kriminalpolizei mit dem Terroristen Andreas Baader auf dem Düsseldorfer Flughafen im Juni 1972. Baader hatte zuvor an dem Prozess gegen den ehemaligen Terroristen-Anwalt Horst Mahler in Berlin teilgenommen und war mit einer Air-France-Maschine nach Düsseldorf zurückgeflogen worden.

Die Befreiung Andreas Baaders am 14. Mai 1970 in Berlin hatte die Geburtsstunde der ersten Generation der RAF eingeläutet. Die Gruppe um Andreas Baader, Gudrun Ensslin und Ulrike Meinhof verübte in der Folge Banküberfälle und Bombenanschläge. Spätestens aber die blutige Geiselnahme von israelischen Sportlern durch palästinensische Terroristen während der Olympischen Spiele in München im September 1972 zeigte deutlich, dass die Polizei dem neuen Terror mit ihren herkömmlichen Methoden und Kräften wenig entgegenzusetzen hatte. Sowohl auf Landes- als auch auf Bundesebene wurden mit den Spezialeinsatzkommandos (SEK) beziehungsweise der Bundesgrenzschutz-Sondereinheit GSG 9 spezialisierte Polizeieinheiten eingerichtet. Gleichzeitig übernahm das Bundeskriminalamt zentrale Koordinierungs- und Steuerungsfunktionen, um den Terrorismus besser bekämpfen zu können. Die nordrhein-westfälische Polizei stellte erstmals 1974 eine Spezialeinheit auf. Das polizeiliche Konzept von »Ruhe und Ordnung« wandelte sich zum Programm »Innere Sicherheit«.[72] Mit bundesweiten Bestrebungen zur Angleichung von Organisation, Ausbildung und rechtlichen Grundlagen reagierten Staat und Polizei auf länderübergreifende Kriminalität, politischen Extremismus und Terrorismus. Neue, computer- beziehungsweise EDV-gestützte Fahndungsmethoden kamen zur Anwendung. Allgemeine Polizeidienstvorschriften wie die für »Führung und Einsatz der Polizei« (PDV 100) rundeten die Vereinheitlichungsbestrebungen ab, ohne landesspezifische Gepflogenheiten zu ignorieren.[73]

Einsatzleitstelle der Polizei, Essen Mitte der 1970er-Jahre

Anarchistische Gewalttäter

– Baader/Meinhof-Bande –

Wegen Beteiligung an Morden, Sprengstoffverbrechen, Banküberfällen und anderen Straftaten werden steckbrieflich gesucht:

Meinhof, Ulrike, 7. 10. 34 Oldenburg
Baader, Andreas Bernd, 6. 5. 43 München
Ensslin, Gudrun, 15. 8. 40 Bartholomae
Meins, Holger Klaus, 26. 10. 41 Hamburg
Raspe, Jan-Carl, 24. 7. 44 Seefeld

Stachowiak, Ilse, 17. 5. 54 Frankfurt/M.
Jünschke, Klaus, 6. 9. 47 Mannheim
Augustin, Ronald, 20. 11. 49 Amsterdam
Braun, Bernhard, 25. 2. 46 Berlin
Reinders, Ralf, 27. 8. 48 Berlin

Barz, Ingeborg, 2. 7. 48 Berlin
Möller, Irmgard, 13. 5. 47 Bielefeld
Mohnhaupt, Brigitte, 24. 6. 49 Rheinberg
Achterath, Axel, 15. 4. 35 Hannover
Hammerschmidt, Katharina, 14. 12. 43 Danzig

Keser, Rosemarie, 24. 8. 47 Ebersberg
Hausner, Siegfried, 24. 1. 52 Selb/Bayern
Brockmann, Heinz, 1. 3. 48 Gütersloh
Fichter, Albert, 18. 12. 44 Stuttgart

Für Hinweise, die zur Ergreifung der Gesuchten führen, sind insgesamt 100 000 DM Belohnung ausgesetzt, die nicht für Beamte bestimmt sind, zu deren Berufspflichten die Verfolgung strafbarer Handlungen gehört. Die Zuerkennung und die Verteilung erfolgen unter Ausschluß des Rechtsweges.

Mitteilungen, die auf Wunsch vertraulich behandelt werden, nehmen entgegen:

Bundeskriminalamt – Abteilung Sicherungsgruppe –
53 Bonn-Bad Godesberg, Friedrich-Ebert-Straße 1 – Telefon: 02229 / 53001
oder jede Polizeidienststelle

Vorsicht! Diese Gewalttäter machen von der Schußwaffe rücksichtslos Gebrauch!

Plakat zur Fahndung nach den Terroristen der Baader-Meinhof-Bande bzw. RAF, 1972

Der Auf- und Ausbau der Polizeieinheiten und -institutionen und die Kompetenzerweiterung der Sicherheitsbehörden wurden zunächst angesichts der terroristischen Bedrohung weitgehend unkritisch hingenommen. Im Februar 1975 entführten Mitglieder der »Bewegung 2. Juni« den Berliner Vorsitzenden der CDU, Peter Lorenz, um fünf inhaftierte Gesinnungsgenossen freizupressen. Nachdem die Bundesregierung auf die Forderung der Terroristen eingegangen war, kam Lorenz frei. Als nur wenige Wochen später im April deutsche Terroristen die bundesrepublikanische Botschaft in Stockholm besetzten, um erneut Terroristen freizupressen, ging die Bundesregierung nicht mehr auf die Forderungen ein. Nach der Erschießung von zwei Botschaftsmitarbeitern durch die Geiselnehmer und einer Sprengstoffexplosion stürmten schwedische Sicherheitskräfte die Botschaft und befreiten die restlichen Geiseln. Mit einer Welle des RAF-Terrors spitzte sich die Lage im Jahr 1977 weiter zu. Am 7. April 1977 erschossen Mitglieder der RAF den Generalbundesanwalt Siegfried Buback in seinem Dienstwagen in Karlsruhe. Am 30. Juli 1977 ermordeten RAF-Terroristen den Vorstandsvorsitzenden der Dresdner Bank, Jürgen Ponto, bei einem fehlgeschlagenen Entführungsversuch in seinem Haus in Oberursel. Trauriger Tiefpunkt des sogenannten Deutschen Herbsts war die Entführung und Ermordung des Präsidenten der Bundesvereinigung der Deutschen Arbeitgeberverbände und des Bundesverbandes der Deutschen Industrie, Hanns Martin Schleyer. Der Arbeitgeberpräsident wurde am 5. September 1977 in Köln entführt, sein Fahrer und drei ihn begleitende Polizisten wurden von den RAF-Terroristen direkt am Tatort erschossen. Nachdem die Bundesregierung den Forderungen der Terroristen nicht nachgekommen war, wurde auch Schleyer nach mehrwöchiger Geiselnahme ermordet.[74]

Die Polizei bediente sich im Fall Schleyer der sogenannten Rasterfahndung, um den Terroristen auf die Spur zu kommen. Aufgrund einer »Ermittlungspanne« gingen die Ermittler dabei jedoch einem entscheidenden Hinweis einer örtlichen Polizeidienststelle nicht nach. Diese hatte ein verdächtiges Hochhaus in Erftstadt gemeldet, in dem der Arbeitgeberpräsident – wie sich später herausstellte – tatsächlich einige Zeit festgehalten worden war. Im September 1978 wurde der mutmaßliche Terrorist Willy Peter Stoll in einem Düsseldorfer Lokal von Polizisten erschossen. Zwei Wochen später überraschten zwei Polizisten drei RAF-Terroristen in einem Wäldchen im Dortmunder Süden. Bei der anschließenden Schießerei wurde Polizeimeister Hans-Wilhelm Hansen getötet, sein Kollege Otto Schneider sowie zwei Terroristen angeschossen. Trotz intensivster Anstrengungen und Teilerfolge gelang es der Polizei nicht, dem RAF-Terrorismus ein Ende zu setzen.[75] In den späten 1970er-Jahren regte sich in der Gesellschaft schließlich immer lauter Kritik gegen die allgemeine »Aufrüstung« der Polizei und ihr martialisches Erscheinungsbild in der Öffentlichkeit. Die personelle und technische Verstärkung der Polizei und ihre Kompetenzerweiterung führten nicht zu einer Steigerung des Sicherheitsgefühls, die Maßnahmen erzeugten vielmehr in der Bevölkerung zunehmend Visionen eines Überwachungsstaates.[76] Die mit dem Terrorismus einhergehenden, nun stärker technokratischen Reformansätze wie der Einsatz von elektronischen Datenverarbeitungssystemen vergrößerten die bereits seit den Funkstreifenwagen als »Kontaktlücke« wahrgenommene Distanz zwischen Bürger und Polizei. Verstärkt wurde diese Distanz auch durch die Verringerung der Zahl lokaler Polizeibehörden im Zuge der landesweiten Gebiets- und Verwaltungsreform. Bis 1975 verringerte sich die Zahl der Kreisbehörden von bisher 79 auf 49.[77]

Bei den Einsätzen anlässlich der Hausbesetzungen, die seit den frühen 1970er-Jahren auch in zahlreichen Städten Nordrhein-Westfalens stattfanden, oder auch bei den Protestveranstaltungen der Anti-Atomkraftbewegung offenbarte sich das Handlungsrepertoire der Polizei deutlich. Die Großdemonstration gegen den »Schnellen Brüter« in Kalkar im September 1977 war trotz des Deeskalationskonzepts mit einem massiven Aufgebot an Sicherheitskräften verbunden. Vor allem die uniformierte und die Bereitschaftspolizei waren mit diesen Protesten konfrontiert.

Auflösung einer Hausbesetzung in Bielefeld-Brackwede im April 1973

Großdemonstration gegen den »Schnellen Brüter«, Kalkar im September 1977. Räumpanzer der nordrhein-westfälischen Polizei vor der besetzten Kernkraftanlage

Noch ein Jahr zuvor war es im schleswig-holsteinischen Brokdorf zu bürgerkriegsähnlichen Auseinandersetzungen gekommen, als die Polizei auf die Provokationen militanter Demonstranten mit ihrer traditionellen Strategie der kompromisslosen Durchsetzung staatlich verordneter Ruhe und Ordnung reagiert hatte. Die Polizei in Nordrhein-Westfalen verfolgte nun eine andere Strategie. Sie setzte im Herbst 1977 vor allem auf Gesprächsbereitschaft und die Vermeidung von Aggression und Provokation. Dieses Deeskalationskonzept war mit einer gewissen »Zermürbungsmaßnahme« verbunden, indem die Demonstranten bei ihrer Anreise bereits weit vor dem eigentlichen Demonstrationsort mehrfach zwar freundlich, aber sehr zeitaufwendig kontrolliert wurden. Die Protestveranstaltung in Kalkar kam damit nur langsam in Schwung und blieb friedlich. Gleichwohl verzichtete die Polizei nicht gänzlich auf spektakulär-martialische Aktionen. So wurden die Veranstaltungsteilnehmer von einem großen Hubschrauberaufgebot umkreist, und der Bundesgrenzschutz hielt einen Zug auf dem Weg von Duisburg nach Kleve auf offener Strecke an und überprüfte alle Reisenden.[78] Öffentlicher Protest wurde in den 1970er-Jahren im Zuge der grundlegenden Politisierung beziehungsweise Demokratisierung der Zivilgesellschaft jedoch immer weniger als Störung, sondern vor allem als Bürgerrecht wahrgenommen.

Die Polizei verbuchte in dieser Zeit einen deutlichen Anstieg der Planstellen. Von 1970 bis 1980 stieg deren Anzahl in Nordrhein-Westfalen um ein Fünftel.[79] Im Jahr 1970 befanden sich 32 610 Polizeibeamte im Dienst der Polizei NRW, 1975 waren es 33 692 Beamte und 1980 bereits 39 823 Beamte. Das Mitteilungsorgan des nordrhein-westfälischen Innenministeriums, »Die Streife«, berichtete 1971 zur Sozialstruktur der Polizei, dass rund 75 Prozent der Polizeibeamten über den Volksschulabschluss, 22,5 Prozent über den Realschulabschluss und 2,5 Prozent über das Abitur verfügten. Etwa ein Viertel der Beamten sprach Englisch und 85 Prozent der Polizeibeamten waren verheiratet.[80] In den folgenden Jahren sollte insbesondere auch der gehobene Dienst nicht nur akademisiert, sondern auch personell verstärkt werden. Der Anteil des gehobenen Dienstes wuchs in diesen zehn Jahren in der Schutzpolizei auf elf Prozent und in der Kriminalpolizei auf mehr als 54 Prozent an. Im gleichen Zeitraum stieg die Einwohnerzahl Nordrhein-Westfalens von 16,9 Millionen Einwohner (1970) auf 17,2 Millionen Einwohner (1975), fünf Jahre später waren es dann 17,1 Millionen Einwohner. Damit war 1970 rechnerisch ein Polizist für 519 Einwohner zuständig, 1975 für 510 und 1980 für 429.[81]

Kleiner Imbiss zwischen den Einsätzen in einer Polizeiwache, Essen Anfang der 1970er-Jahre

Beamte der Einsatzhundertschaft bei einer Einsatzübung, Essen Anfang/Mitte der 1980er-Jahre. Für die Beamten gab es noch keine Integralhelme, sondern lediglich einen Kinnschutz am Halteriemen des Helms. Die Plexiglasschutzschilde verfügen noch über Halterungen für die Schlagstöcke.

DIE NEUEN SOZIALEN BEWEGUNGEN

Die 1980er-Jahre

Mit dem neuen Jahrzehnt änderten sich die politischen Verhältnisse innerhalb der Landesregierung. Zwar erhielt bei den Landtagswahlen im Juni 1980 die SPD unter dem amtierenden Ministerpräsidenten Johannes Rau 48,4 Prozent der Wählerstimmen,[82] aber die FDP scheiterte knapp an der Fünf-Prozent-Hürde und war nicht mehr im Landtag vertreten. Damit schied der bisherige Innenminister Burkhard Hirsch (FDP) aus seinem Amt aus. Neuer oberster Dienstherr der Polizei wurde der Jurist Herbert Schnoor (SPD).[83]

Mitte der 1980er-Jahre befanden sich knapp 41 000 Polizeibeamte im Dienst des Landes Nordrhein-Westfalen, das Land hatte zu dieser Zeit 16,7 Millionen Einwohner. Fünf Jahre später hatte sich die Zahl der Polizisten auf 42 024 erhöht, die Einwohnerzahl betrug 17,3 Millionen. Die Polizeidichte veränderte sich damit von 407 (1985) auf 410 (1990).[84] Kaum ein Ereignis sollte die Polizeiwelt in jenen Jahren derart in Aufruhr versetzen und die Organisation so stark verändern wie die Einstellung von Frauen in die Schutzpolizei. Am 1. Oktober 1982 traten die ersten jungen Frauen ihre Ausbildung bei der Bereitschaftspolizei an.[85] Es waren 74 Frauen in einer

Eine der ersten Polizeihauptwachtmeisterinnen bei der Verkehrskontrolle, Bochum 1984

Frauen erobern seit 1982 die Polizei, Selm-Bork Anfang der 1980er-Jahre. Die erste Frauenuniform dürfte deutlich am Geschmack ihrer Trägerinnen vorbeigegangen sein.

Tatort Duisburg – Schimanski. Götz George (Horst Schimanski) und Duisburger Polizisten bei den Dreharbeiten zur Tatortserie Schimanski, Duisburg-Hochfeld im Februar 1982

Gemeinschaft, die – von wenigen Kriminalbeamtinnen abgesehen – ausschließlich aus Männern bestand. Unter diesen gingen die Meinungen zu der Veränderung weit auseinander. Während ein Teil die Einstellung von Frauen für zeitgemäß und für einen Fortschritt hielt, sahen zahlreiche Schutzmänner mit dem Einzug des »schwachen Geschlechts« in die Polizei den Untergang eines durch und durch männlichen Berufs voraus. Nordrhein-Westfalen war jedoch nicht das erste Bundesland, in dem Frauen im uniformierten Vollzugsdienst tätig waren. Bereits zuvor hatten Berlin, Hamburg, Niedersachsen und Hessen Beamtinnen eingestellt. Als letztes Bundesland folgte schließlich 1990 Bayern.[86]

Wesentlich unspektakulärer wirkten sich die Änderungen in der Polizeiorganisation aus. Neben der Auflösung und Umstrukturierung einzelner Polizeibehörden ging mit dem neuen Polizeiorganisationsgesetz vom Januar 1982 die Überwachung des Straßenverkehrs auf den Bundes- und Landstraßen von den Regierungspräsidenten auf die örtlichen Kreispolizeibehörden über.[87] In Köln und Düsseldorf wurden Verhandlungsgruppen aufgestellt,[88] die mit psychologisch geschultem Personal bei Geiselnahmen und ähnlichen Einsatzlagen eine deeskalierende Kommunikation sicherstellen sollten. Im selben Jahr nahm beim Landeskriminalamt in Düsseldorf eine Tatortgruppe (TOG) »Sprengstoff/Brand« ihren Dienst auf. Sie sollte die Polizeibehörden an entsprechenden Tatorten unterstützen und Sprengvorrichtungen entschärfen.[89] Im April 1989 wurden die »Zentralen Polizeitechnischen Dienste Nordrhein-Westfalen« eingerichtet, die für den Bereich Computer und Fernmeldewesen innerhalb der Polizei zuständig waren. Anders als in der Privatwirtschaft spielte die elektronische Datenverarbeitung in der Polizei noch lange eine untergeordnete Rolle, gleichwohl ging die unaufhaltsame Entwicklung des Computerwesens auch an ihr nicht gänzlich vorbei. Innenminister Schnoor stellte 1980 das Computerprogramm CEBI zur elektronischen Erfassung von Einsätzen vor.[90] Die alten großen Kladden in den Einsatzleitstellen und in den Funkräumen der Polizeiwachen mit handschriftlichen Einträgen von Notrufen wurden nun durch die elektronische Datenverarbeitung verdrängt. Die Kosten für die Anlagen waren groß, die Leistung klein. Allein der Computer in Recklinghausen mit einer Festplattenleistung von 110 MB sowie elf Terminals und elf Tintenstrahldruckern kostete 280 000 D-Mark.[91]

Fürsorge für die Jüngsten und Öffentlichkeitsarbeit. Polizisten vermitteln Grundschulkindern das ordnungsgemäße Verhalten im Straßenverkehr, Essen um 1980.

Polizeistreifenwagen, Bonn in den frühen 1980er-Jahren

Seniorenfahrten, Essen 1986. Im Rahmen ihres Verkehrssicherheitsprogramms für ältere Menschen führte die Polizei über viele Jahre mit Senioren Stadtrundfahrten mit Anfahrten zu Sehenswürdigkeiten und Unfallbrennpunkten durch.

Tierischer Einsatz im Oktober 1989 in Essen-Stadtwald. Eine Schafherde hat das Weite gesucht und muss vorübergehend von der Polizei gehütet werden.

Die Begleitung von Schwerlasttransporten gehört zur Arbeit der Polizeibehörden. Hier folgt ein Streifenwagen des Verkehrsdienstes im Rahmen des Abrisses der Stern-Brauerei einem Lkw mit einem ausgebauten Braukessel, Essen 1989.

Kriminalpolizisten bekleiden sich an einem Mordtatort mit Spurensicherungsanzügen, Essen 1987. In dem Haus war eine Prostituierte in ihrer Wohnung mit einem Hammer erschlagen worden.

Polizeibeamte bei der Beweissicherung und Dokumentation nach einem Flugzeugabsturz, Mülheim im Februar 1988. Ein mit 21 Menschen besetztes Flugzeug aus Hannover war beim Landeanflug auf den Düsseldorfer Flughafen in ein Unwetter geraten und in den Ruhrauen in Mülheim-Mintard auf dem Boden zerschellt. Alle Insassen starben.

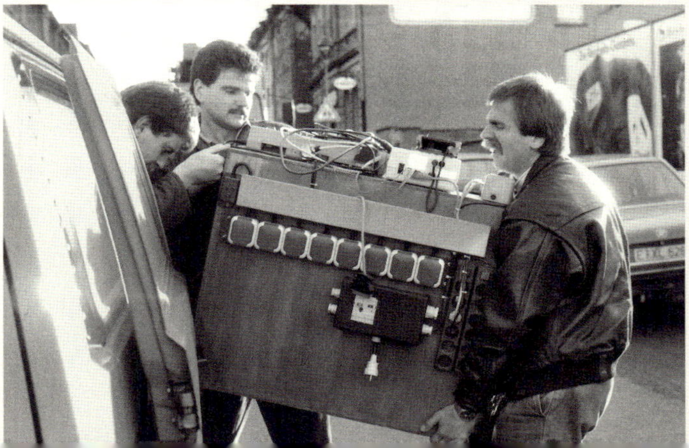

Beamte der Kriminalpolizei stellen nach einem Raubüberfall auf das DIVI-Warenhaus in Essen-Altendorf bei einem Verdächtigen einen Computer sicher, Essen 1987.

Polizeischulklasse aus Selm-Bork 1982/83. »A-S-D-F«, »J-K-L-Ö«, welcher Polizist erinnert sich nicht an die von den Lehrern monoton in den Klassenraum gerufenen Buchstabenfolgen?

Dabei spielten die Computer im dienstlichen Alltag der allermeisten Polizeibeamten noch keine nennenswerte Rolle. Strafanzeigen, Verkehrsunfallanzeigen und Ermittlungsberichte wurden weiterhin auf Schreibmaschinen verfasst.[92]

Die Einführung der Fachhochschulausbildung im Jahr 1976 bewirkte in den 1980er-Jahren bei der Polizei eine deutliche Veränderung der Sozialstruktur. Schon bald führten fast alle Beamten des gehobenen und höheren Dienstes den akademischen Grad eines Diplom-Verwaltungswirtes. Bewegte sich der Anteil der Polizisten mit Allgemeiner Hochschulreife oder Fachabitur Anfang der 1970er-Jahre noch in einem einstelligen Prozentbereich, so verfügten 1986 bereits mehr als zwei Drittel aller neu eingestellten Polizeibeamten über das Fach- oder Vollabitur. Nur noch zwei Prozent aller Polizeianwärterinnen und -anwärter starteten mit einem Hauptschulabschluss.[93]

Veränderungen lassen sich auch in anderen Bereichen feststellen. Nicht zuletzt wurde der Alkoholkonsum innerhalb der Polizei – genau wie in anderen Bereichen des öffentlichen Dienstes – immer weniger akzeptiert und zunehmend aus den Diensträumen verbannt.[94]

Die neuen sozialen Bewegungen in Form von Friedens- und Umweltbewegung und das damit einhergehende Demonstrationsgeschehen beschäftigten die Polizei stark. Insbesondere die sogenannte Nachrüstung mit neuen Mittelstreckenraketen rief in großen Teilen der Bevölkerung Unmut hervor. Bundesweit existierten etwa 4 000 bis 6 000 regionale und kommunale Friedensinitiativen.[95] Die stark politisierte Gesellschaft – ablesbar auch an hohen Wahlbeteiligungen und Mitgliederzahlen der Parteien – ging immer häufiger für den Weltfrieden und gegen Umweltverschmutzung und »Sauren Regen« auf die Straße und sorgte damit für eine erhebliche Dauerbelastung der geschlossenen Polizeiverbände. Allein auf der Bonner Hofgartenwiese demonstrierten im Oktober 1981 rund 400 000 Menschen friedlich gegen den NATO-Doppelbeschluss.[96] In den folgenden Jahren setzten sich die Massenveranstaltungen und Großdemonstrationen fort, die 1980er-Jahre gelten damit als Hochphase der sozialen Bewegungen und sorgten für ein hohes polizeiliches Einsatzvolumen. Um die Polizei auf diese gesellschaftliche und polizeiliche

Weltwirtschaftsgipfel 1985 in Bonn. Eine Staatskarosse mit dem US-amerikanischen Präsidenten Ronald Reagan und seiner Frau Nancy passiert eine Gruppe von Polizeibeamten des Bundesgrenzschutzes und der nordrhein-westfälischen Polizei.

Anti-Reagan-Demonstration anlässlich der 300-Jahr-Feier der deutschen Einwanderung in die USA, Krefeld im Juni 1983

Pause mit Doppelkopf-Karten in der Wache, Recklinghausen, 1980er-Jahre

Polizeieinsatz bei einem Heimspiel des FC Schalke 04 gegen den 1. FC Köln, Gelsenkirchen 1983

Protestaktion vor den Gerichtsgebäuden, Essen-Rüttenscheid im Februar 1989. Mehr als 10 000 Menschen demonstrierten gegen die auf Indizien gestützte Verurteilung der Journalistin und mutmaßlichen Terroristin Ingrid Strobl.

Herausforderung besser vorzubereiten, verfügte Innenminister Schnoor 1983 eine entsprechende Fortbildung der Polizeikräfte. Sie sollten zum Beispiel die Argumente der Friedensbewegung kennen und den Demonstranten kommunikativ gewachsen sein.[97]

Neben dem Demonstrationsgeschehen veränderte auch die Wahrnehmung von Bürgerrechten die Arbeit der Polizei beträchtlich. Hier blieb das »Volkszählungsurteil« des Bundesverfassungsgerichts aus dem Jahr 1983 in Erinnerung: Die informationelle Selbstbestimmung der Menschen wurde in den Rang eines Grundrechts erhoben. Vorausgegangen waren heftige Proteste und mehrere Verfassungsbeschwerden gegen eine als Totalerhebung angelegte Volkszählung. Als Folge des Urteils wurden bereits damals die Gesetze der Eingriffsverwaltung um zahlreiche Datenschutzbestimmungen ergänzt, die dem gesellschaftlichen Bedürfnis nach einem sensibleren Umgang mit personenbezogenen Daten entsprachen.[98] Bis dahin hatte das Polizeigesetz auch keinerlei Datenschutzparagrafen enthalten, die den Umgang mit diesen personenbezogenen Daten regelten.

Zu den Massendemonstrationen kamen in den Universitäts- und größeren Städten auch Hausbesetzungen durch junge, zum Teil militante Linke.[99] Und schließlich gehörten seit den späten 1970er-Jahren, aber vor allem in den 1980er-Jahren auch Fußballspiele zum Haupteinsatzfeld der Polizei in Nordrhein-Westfalen, wo es zahlreiche Bundesligisten gab. Dabei machten Hooligans wie etwa die »Borussenfront« oder die »Gelsenszene« den Sicherheitskräften das Leben schwer. Bei der Fußball-Europameisterschaft 1988 in Deutschland gehörten Düsseldorf, Gelsenkirchen und Köln zu den Austragungsorten. Am 14. Juni trafen englische und deutsche »Hools« am Düsseldorfer Hauptbahnhof aufeinander, und es kam zu einer heftigen Hooligan-Schlacht.[100]

Kräfte einer Einsatzhundertschaft und der Diensthundestaffel im Einsatz, Düsseldorf-Mitte in den 1980er-Jahren

Gewalttätige Auseinandersetzungen zwischen Polizei und englischen Hooligans, Düsseldorf 1980er-Jahre

Polizei-Hubschrauberstaffel, Dortmund 1980er-Jahre

Polizei-Hubschrauberstaffel Dortmund, 1980er-Jahre. Im Hintergrund wird eine Maschine betankt.

Auf dem Verkehrssektor hielt das Jahrzehnt ebenfalls einige Neuerungen für die Polizei und die Bürger bereit. 1985 wurden die Alcotest-Röhrchen abgeschafft, jene kleinen Glasröhrchen, in die alkoholverdächtige Autofahrer hineinblasen mussten und in denen sich je nach Alkoholkonsum Kristalle mehr oder weniger stark grün verfärbten. Sie wichen den zuverlässigeren elektronischen Alcotest-Geräten.[101] Eine weitere wesentliche Veränderung auf dem Verkehrssektor, die dauerhaft starke Kontrollaktivitäten der Polizei nach sich zog, war die »Bußgeldbewehrung der Gurtanlegepflicht für Fahrzeuginsassen«. Obwohl die Gurtpflicht bereits zehn Jahre bestand, hatte sie viele Autofahrer bis dahin unbeeindruckt gelassen und gerade einmal zu einer Anlegequote von rund sechzig Prozent geführt. Der Bußgeldpflicht war eine umfangreiche Werbeaktion unter dem Motto »Klick – Erst gurten, dann starten« vorausgegangen, mit der an die Einsicht der Autofahrer appelliert worden war. Die Strafandrohung für das Fahren ohne Gurt erhöhte die Anschnallquote dann auf mehr als neunzig Prozent.[102] Ohnehin beschäftigte der Straßenverkehr die Polizei stark. Besondere Ereignisse blieben dabei nachhaltig in Erinnerung: Im Januar 1985 setzte die Polizei aufgrund von Smogalarm im westlichen Ruhrgebiet ein allgemeines Fahrverbot durch, indem sie sämtliche Fahrzeugführer an der Weiterfahrt hinderte. Zwei Jahre später bedingte der Besuch von Papst Johannes Paul II. ein polizeiliches Großaufgebot in Nordrhein-Westfalen.[103]

Seit den 1970er-Jahren bildete der Linksterrorismus im Denken und Handeln der Polizisten eine feste Größe, auch wenn Nordrhein-Westfalen in den 1980er-Jahren von den Aktivitäten der RAF weitgehend verschont blieb. Die Fahndungsplakate gesuchter Terroristen waren sowohl an den Polizeiwachen als auch an Tankstellen zu sehen. 1981 wurde die Bewaffnung der Polizeibeamten von der kleinkalibrigen Polizeipistole Walther PPK, Kaliber 7,65 Millimeter, auf eine neue Dienstwaffe mit höherer Mannstoppwirkung, einem Fabrikat der Firma SIG & Sauer, Kaliber 9 Millimeter, umgestellt.[104]

Großrazzia in der Kiefernstraße, Düsseldorf 1986. Polizeiliche Ermittlung gegen die Hausbesetzer-Szene und gegen RAF-Sympathisanten in Düsseldorf Flingern-Süd

Einsatz eines nordrhein-westfälischen Spezialeinsatzkommandos (SEK) in den 1980er-Jahren

Einige Ereignisse standen in besonderem Fokus der Öffentlichkeit und ragten aufgrund ihrer Brisanz oder Brutalität aus dem gewöhnlichen Kriminalitätsgeschehen dieser Jahre weit heraus. Am 18. Dezember 1981 wurde in Köln die achtjährige Schülerin Nina von Gallwitz entführt und von den wohlhabenden Eltern ein Lösegeld von 1,5 Millionen D-Mark gefordert. Trotz Zahlung des Geldes kam das Mädchen erst nach fünf Monaten wieder frei.[105] Ein besonderer Tiefpunkt der Polizeiarbeit der 1980er-Jahre war zweifellos die Gladbecker Geiselnahme, die in mehrfacher Hinsicht eskalierte. Am 16. August 1988 überfielen die polizeilich bestens bekannten Schwerkriminellen Hans-Jürgen Rösner und Dieter Degowski eine Filiale der Deutschen Bank in Gladbeck. Da die Tat nicht wie geplant verlief, nahmen die Räuber bei ihrer Odyssee durch Deutschland und die Niederlande Geiseln, in Bremen brachten sie sogar einen vollbesetzten Linienbus in ihre Gewalt. Sie erschossen einen 15-jährigen Jungen, und ein niederländischer Polizist starb bei einem Zusammenstoß mit einem Lkw. Während der zweitägigen Irrfahrt verließen die Täter mehrmals die von ihnen gekaperten Fahrzeuge, ohne dass die Polizei zugriff. Sie gaben dem Tross von Medienvertretern, der genauso wie die Polizei den Entführern folgte, auf offener Straße Interviews. Bei der späteren Festnahme durch ein Kölner Spezialeinsatzkommando (SEK) wurde die Geisel Silke Bischoff, eine 18-jährige Bankangestellte, von einem der Täter erschossen. Die Ereignisse hatten die Überforderung der Polizei und massive Mängel in der Einsatzkoordination und Polizeiarbeit offenbart und zogen eine grundlegende Reform der polizeilichen Zuständigkeits- und Einsatzregeln auch über Landesgrenzen hinaus nach sich. So wurden 1990 in den sogenannten §4-Behörden »Ständige Stäbe« eingerichtet.[106] Bei diesen Behörden in Bielefeld, Dortmund, Düsseldorf, Essen, Köln und Münster handelte es sich um Kriminalhauptstellen, die zukünftig für komplexe Gefahren- und Schadenslagen und besonders schwere Delikte zuständig sein sollten.[107]

Zahlreiche weitere große und kleine Ereignisse markieren die 1980er-Jahre. Im Jahr 1980 wurden in 281 Fällen von polizeilichem Schusswaffengebrauch drei Menschen getötet und 15 weitere verletzt. Im Jahr darauf verabschiedete sich die Polizei vollends von Maschinengewehren und Handgranaten. Mit den technischen Neuerungen der 1980er-Jahre verschwanden dann auch nach und nach die Einzelblaulichter auf den Dächern der Streifenwagen. Alle neu angeschafften Fahrzeuge verfügten nun über eine Rundum-Ton-Kombination (RTK), einen fahrzeugbreiten Balken mit zwei Blaulichtern und einer Leuchtanzeige »Stop Polizei«.[108]

Vorführung der Polizeireiter im Rahmen eines Öffentlichkeitstages, Essen im Oktober 1985

Gladbecker Geiselnahme 1988. Die Filiale der Deutschen Bank in Gladbeck, in der das Geiseldrama seinen Anfang nahm, wird von Polizeikräften abgesperrt.

Polizeitaucher bei einem Übungseinsatz am Rhein-Herne-Kanal bei Gelsenkirchen 1988

Hundeführer der Diensthundestaffel beim Training, Essen in den 1980er-Jahren

Eskortenfahrzeuge der Polizei im Rahmen des EU-Gipfels 1994. Für Staatsoberhäupter und Regierungschefs aus 14 europäischen Staaten und ihre Delegationen war ein sicherer Aufenthalt zu gewährleisten, Essen 1994.

BÜRGERPOLIZEI UND MODERNE DIENSTLEISTUNGSORGANISATION

Die 1990er-Jahre

Die Welt ist in Bewegung und mit ihr die nordrhein-westfälische Polizei. Aus unterschiedlichen Gründen verschlug es Menschen aus anderen Ländern nach Deutschland: Waren es in den 1960er- und frühen 1970er-Jahren die staatlichen Anwerbungen von südeuropäischen Arbeitskräften für die Wirtschaft, führten später vor allem die Kriege auf dem Balkan und in anderen Regionen der Welt sowie der Zerfall der Sowjetunion in zahlreiche Einzelstaaten zu Beginn der 1990er-Jahre dazu, dass Menschen nach Deutschland kamen. Die Bundesrepublik verzeichnete 1961 686 000 Bewohner mit ausländischer Nationalität, 1990 waren es 5,3 Millionen und zehn Jahre später 7,3 Millionen Menschen.[109] Mit der Änderung des Staatsangehörigkeitsgesetzes im Jahr 1993 wurde erstmals ein Einbürgerungsanspruch für Ausländer geschaffen. Die Gesetzgebung ebnete damit auch juristisch den Weg zum Einwanderungsland, das Deutschland faktisch schon lange war.[110]

Auf ministerieller Ebene verantwortete zunächst weiterhin Innenminister Herbert Schnoor die Arbeit der Polizei. Ihm folgte im Juli 1995 Franz Kniola, der dann im Frühjahr 1999 von Fritz Behrens abgelöst wurde. Alle drei Innenminister gehörten der SPD an, Behrens aber nicht mehr dem Kabinett von Johannes Rau, sondern dem des 1998 zum Ministerpräsidenten gewählten Wolfgang Clement (SPD).[111]

Die mit der Öffnung Europas und dem Zusammenwachsen der Welt einhergehende Internationalisierung und Globalisierung wirkte sich sowohl auf die interne Polizeistruktur als auch auf die polizeiliche Aufgabenerfüllung aus. 1993 nahmen in Nordrhein-Westfalen die ersten zehn Beamten ohne deutsche Staatsbürgerschaft ihren Dienst auf. Mit dieser Öffnung des Polizei-

EU-Gipfel 1994 in Essen. Großeinsatz für die Polizei. Zum Schutz der zahlreichen Regierungschefs und ihrer Delegationen waren rund 10 000 Polizeibeamte im Einsatz. Im Bild Bundeskanzler Helmut Kohl mit Ministern und Staatsgast

Kurden demonstrieren vor dem griechischen Konsulat, Düsseldorf 16. Juli 1999.

Auslandsmission im Südsudan. Deutscher Polizeibeamter bei einem Zusammentreffen mit örtlichen Polizeikräften in Al Salaam 2009

Mit diesem Plakat warb das Land Nordrhein-Westfalen Mitte der 1990er-Jahre um junge Männer und Frauen für den Polizeidienst.

dienstes war die Hoffnung verbunden, dass schwierige Einsatzlagen mit Ausländern besser bewältigt werden könnten. Die Innenministerkonferenz stellte heraus, dass die Einstellung von ausländischen Polizeianwärtern ein vielversprechender Weg sei, um der »Kriminalität gerade bei nicht integrierten jungen Angehörigen der ausländischen Wohnbevölkerung« zu begegnen. Gleichwohl blieben diese Einstellungen Ausnahmen, 1997 betrug die Anzahl der ausländischen Polizeikräfte innerhalb der Polizei Nordrhein-Westfalens lediglich 23.[112] Die formale Öffnung der Polizei war nur ein erster Schritt hin zum Abbau von Vorbehalten. Nun wurde zunehmend auch das Auftreten und Handeln der Polizisten gegenüber Ausländern hinterfragt, insbesondere vor dem Hintergrund unverhältnismäßiger Übergriffe seitens einzelner Beamter.[113] Dies bezog sich auch auf die innerhalb der Polizei festgestellten Vorurteile und negativen Einstellungen gegenüber Minderheiten wie Sinti und Roma.[114]

In den 1990er-Jahren beteiligten sich Polizisten aus Nordrhein-Westfalen immer häufiger an Einsätzen im Ausland. Das Landesamt für Ausbildung, Fortbildung und Personalangelegenheiten der Polizei NRW (LAFP) war eine von drei Ausbildungseinrichtungen in Deutschland, in denen die Polizeikräfte auf ihren Auslandseinsatz vorbereitet wurden. Ende 1994 reisten die ersten zwanzig von 160 nordrhein-westfälischen Beamten nach Mostar in Bosnien-Herzegowina, um dort am Aufbau einer multi-ethnischen Polizei mitzuwirken. Später folgten Einsätze in Georgien, Mazedonien, Albanien, im Kosovo, in Afghanistan und im Sudan.[115]

Gleichzeitig war die Polizei unmittelbar an der Verwirklichung der Deutschen Einheit beteiligt. Die Länder Brandenburg und Nordrhein-Westfalen schlossen ein Verwaltungshilfeabkommen, um den Aufbau eines demokratischen Sicherheitsorgans nach westdeutschem Vorbild in Brandenburg voranzutreiben. 1992 entsandte Nordrhein-Westfalen mehr als 1 200 Polizeibedienstete bis zu zwölf Monate zur Beratung nach Brandenburg. Zeitgleich hospitierte eine etwa gleich große Anzahl ostdeutscher Beamter in den Polizeibehörden an Rhein, Ruhr und Lippe.[116] Dabei ging es auch um die Ahndung staatlichen Unrechts aus der Zeit der DDR. Die Einrichtung einer »Zentralen Ermittlungsstelle Regierungs- und Vereinigungskriminalität« in Berlin erhielt ebenso Unterstützung aus Nordrhein-Westfalen. Nach einer zunächst eher schwachen Beteiligung mit 52 Beamten waren 1995 schließlich 340 nordrhein-westfälische Polizeikräfte mit der strafrechtlichen Aufarbeitung der politischen Straftaten der DDR-Zeit, der illegalen Vermögensverschiebungen während der Umbruchzeit und der Untersuchung der Ausführung des Schießbefehls an der innerdeutschen Grenze beschäftigt. In diesem Zusammenhang wurden bis Anfang 1999 bundesweit rund 62 000 Strafverfahren gegen 100 000 Personen eingeleitet.[117]

Neben der Deutschen Einheit hinterließ auch die europäische Einigung deutliche Spuren in der täglichen Arbeit der stark national ausgerichteten Länderpolizei. Mit dem Schengener Abkommen im Jahr 1995 wurden die Grenzkontrollen zwischen zahlreichen europäischen Staaten abgeschafft. Dies betraf auch die Grenzen zwischen Nordrhein-Westfalen und den Nachbarländern Niederlande und Belgien. Um den Schmuggel von Drogen, Waffen und Menschen und die international organisierte Kriminalität auch ohne allgemeine Grenzkontrollen weiterhin bekämpfen zu können, entstand das computergestützte europäische Fahndungssystem »Schengener Informationssystem« (SIS). Hierüber konnten sich Polizeibeamte nun grenzüberschreitend informieren, welche Personen in Europa zur Fahndung ausgeschrieben waren oder inwieweit zum Beispiel Wertsachen oder Gegenstände irgendwo in Europa entwendet worden waren. Ein weiterer Schritt in Richtung internationaler Zusammenarbeit erfolgte 1999 mit der Einrichtung des europäischen Polizeiamtes Europol in Den Haag. Bereits 1923 war in Wien die internationale kriminalpolizeiliche Organisation Interpol als Vereinigung zur Stärkung der Zusammenarbeit der nationalen Polizeien gegründet worden. An dem nun einsetzenden europäischen Daten- und Informationsaustausch beteiligte sich auch die nordrhein-westfälische Polizei.[118]

Überhaupt veränderte die Einführung des Computers als Massenarbeitsmittel die Arbeit der Polizei stark. Während sich der Gebrauch der elektronischen Datenverarbeitung bislang vor allem auf Servicedienststellen beschränkt hatte, die den operativen Kräften etwa Fahndungsdaten lieferten oder Fernschreiben vermittelten, beendete der Einzelplatz-Computer in den Polizeiwachen und Kriminalkommissariaten das Klappern der Schreibmaschinen und den Gebrauch von Kohlepapier. Die ersten »PCs« für den Wach- und Wechseldienst wurden unter anderem in Köln und Essen angeschafft. 1997 existierten in den nordrhein-westfälischen Polizeibehörden rund 17 000 EDV-Arbeitsplätze.[119]

Der Zugriff auf neu eingerichtete Datenbanken erleichterte die alltägliche Polizeiarbeit erheblich. Mit der Einführung des »Integrierten Vorgangsbearbeitungsprogramms Polizei« (IGVP) für die Anzeigenaufnahme war der Aufbau einer Datenbank mit allen Strafanzeigen und anderen polizeilichen Vorgängen verbunden, die für die alltägliche Fallbearbeitung beachtliche

Tag, Nacht, Sommer oder Winter. Für die Polizei gibt es keine Ruhezeiten. Szene vor der Polizeiwache Düsseldorf-Oberkassel 1996

Der letzte Mord der RAF. Spurensicherung nach der Ermordung des Vorsitzenden der Treuhandanstalt Detlev Karsten Rohwedder, Düsseldorf-Niederkassel 2. August 1991

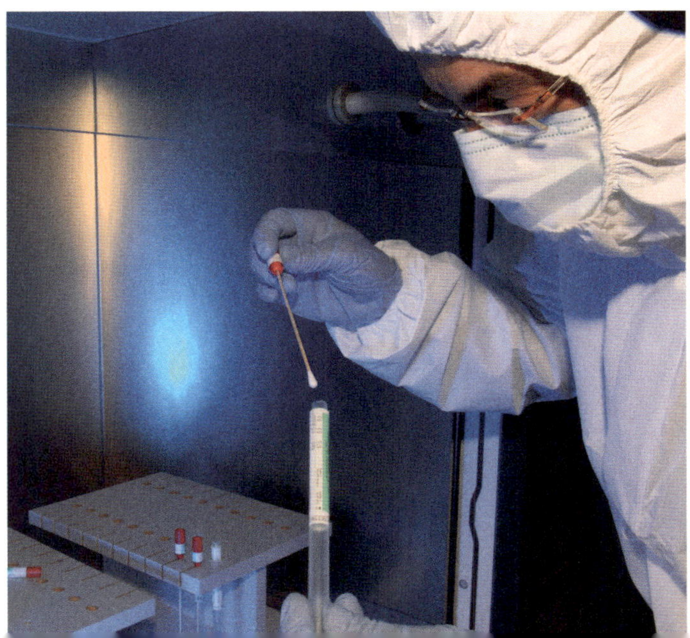

Ein Kriminaltechniker, der mit Kontamination vermeidender Schutzbekleidung eine Bakteriette mit DNA in eine Schutzkapsel gibt, Polizeipräsidium Essen, ca. 2005. Die Einführung der DNA-Analyse für die Zwecke der Kriminalistik hat 1998 die Verbrechensbekämpfung revolutioniert und ein Beweismittel erster Güte geschaffen.

Kriminalbeamter beim Vergleichsbeschuss mit einem Revolver, Essen, ca. 2005. Das abgefeuerte Projektil wird für Vergleiche mit sichergestellter Tatortmunition benötigt, um zu klären, ob diese Waffe bei einer Straftat benutzt wurde.

Recherchemöglichkeiten bezüglich Personendaten, Anschriften und inkriminierten Wertsachen bot.[120] Das darüber hinaus bundesweit 1993 beziehungsweise 1998 eingeführte »Automatisierte Fingerabdruckidentifizierungssystem« (AFIS 1993) und die DNA-Analyse-Datei (DAD 1998) für forensische Zwecke revolutionierten die polizeiliche Ermittlungsarbeit und Kriminalitätsbekämpfung. Seitdem wurden Finger- und Handflächenspuren von Tatorten und Fingerabdrücke von erkennungsdienstlich behandelten Tatverdächtigen zentral gesammelt. Tatortspuren wie Blut, Zigarettenkippen oder verlorene Einbruchswerkzeuge wurden von nun an auf das Erbgut ihrer Benutzer hin untersucht und die Ergebnisse in einer Datenbank verfügbar gehalten, um sie mit DNA-Proben (Speichelproben) von Tatverdächtigen abgleichen zu können. Beide Systeme beziehungsweise Datenbanken erwiesen sich schnell als unverzichtbare Hilfsmittel bei der Tataufklärung.[121]

Anfang der 1990er-Jahre schockierten vor allem rechtsextremistisch motivierte Straftaten mit drastischen Folgen das Land. Die Brandanschläge in Hünxe im Oktober 1991 auf ein Asylbewerberwohnheim und zwei Jahre später auf das Wohnhaus einer türkischen Familie in Solingen verwiesen deutlich auf das fremdenfeindliche Potenzial auch innerhalb der westdeutschen Gesellschaft, nachdem dies für Ostdeutschland bereits die rassistischen Ausschreitungen und Straftaten in Hoyerswerda 1991 und Rostock-Lichtenhagen 1992 vor Augen geführt hatten. Bei dem Anschlag in Solingen starben im Mai 1993 fünf Menschen und 17 wurden zum Teil lebensgefährlich verletzt, darunter Säuglinge und Kleinkinder.[122] Mit der Ermordung des Treuhandchefs Detlev Karsten Rohwedder fand auch der RAF-Terrorismus 1991 in Düsseldorf ein weiteres prominentes Opfer, bevor die RAF 1998 ihre Selbstauflösung erklärte.[123]

In den 1990er-Jahren bemühte sich die Polizei, mit Leitbildern wie Bürgerorientierung und effiziente Aufgabenwahrnehmung den Weg einer Bürgerpolizei und modernen Dienstleistungsorganisation konsequent weiterzugehen. Um die Polizeiorganisation den veränderten

Brandanschlag auf eine türkische Familie in Solingen am 29. Mai 1993. Fünf Menschen starben bei diesem Attentat in den Flammen.

Polizei und Sport. Der Dressurreiter und Düsseldorfer Polizeihauptmeister Klaus Balkenhol wurde 1996 nach seinem Olympia-Sieg in Atlanta vom Präsidenten des Dachverbandes der Polizeisportvereine, Burkhard Kowitz, am Düsseldorfer Flughafen begrüßt.

Polizeiliche Öffentlichkeitsarbeit bezieht auch die jüngsten Bürger ein. Schulkinder besichtigen die Polizeiwache Düsseldorf-Oberkassel 1992.

Präsentation der neuen Uniform für Polizistinnen vor dem Innenministerium, Düsseldorf 24. September 1993. Die Uniformen sind nie in die Serienproduktion gegangen.

gesellschaftlichen und wirtschaftlichen Rahmenbedingungen anzupassen, beauftragte das Innenministerium die Personal- und Unternehmensberatung Kienbaum mit einem Gutachten. Darin stellte die Unternehmensberatung 1992 zur »Funktionsbewertung der Schutzpolizei« fest, dass fast alle Tätigkeiten der Schutzpolizei derart anspruchsvoll seien, dass sie dem gehobenen Dienst zuzuordnen seien.[124] De facto waren die Vollzugsbeamten bis dahin vor allem in dem weniger gut bezahlten mittleren Dienst beschäftigt. Das Land schaffte daraufhin den mittleren Polizeidienst ab und wandelte dessen Stellen sukzessive in solche des gehobenen Dienstes um. So entstand eine ungleich attraktivere zweigeteilte Polizeilaufbahn aus gehobenem und höherem Dienst. Auch die Laufbahnen für Schutz- und Kriminalbeamte wurden vereinheitlicht, die alten Behördenstrukturen von »Schutzpolizei«, »Kriminalpolizei« und »Verwaltung« wurden aufgelöst. An ihre Stelle traten 1994 die Abteilungen »Gefahrenabwehr/Strafverfolgung« (GE), und »Verwaltung/Logistik« (VL). Die Kriminalpolizei war damit keine eigenständige Abteilung mehr, sondern wurde zweigeteilt und integriert: In dem neuen Bereich »Gefahrenabwehr/Strafverfolgung« ging sie als Unterabteilung »Zentrale Kriminalitätsbekämpfung« (ZKB) auf, in der schwerwiegendere Delikte bearbeitet wurden, aber auch Servicedienststellen wie der Erken-

Mord in Düsseldorf-Oberkassel

5.000,- DM Belohnung

Am Dienstag, 10.5.94, gegen 10.30 Uhr, wurde der bekannte Düsseldorfer Sänger und Rezitator **Hartmut op der Beck** ermordet in seiner Wohnung auf der Cimbernstraße in Düsseldorf-Oberkassel aufgefunden.
Das Opfer verkehrte in hiesigen Künstler - und auch Homosexuellenkreisen.

Die Mordkommission bittet die Öffentlichkeit um Mithilfe bei der Aufklärung der Tat.

Fragen:

Wer hat Hartmut op der Beck nach Sonntagmittag, 8.5.94, noch gesehen oder gesprochen ?

War er in Begleitung ?

Wo sind seine Stammlokale ?

Wer kann sonst sachdienliche Angaben zu seiner Person oder zur Sache machen ?

Hinweise bitte an die Mordkommission Düsseldorf, Tel.: 0211 / 870 - 0 , oder jede andere Polizeidienststelle.

Für Hinweise, die zur Aufklärung des Verbrechens führen, hat die Staatsanwaltschaft Düsseldorf eine Belohnung in Höhe von 5.000.- DM ausgesetzt, die unter Ausschluß des Rechtsweges zur Auszahlung kommen. Von der Belohnung sind Personen ausgeschlossen, zu deren Rechtspflicht es gehört, Straftaten zu verfolgen.

Dokument kriminalpolizeilicher Ermittlungsarbeit. Die Düsseldorfer Polizei fahndet 1994 nach dem Mörder eines bekannten Düsseldorfer Künstlers.

Das neue Lasergerät zur Geschwindigkeitsmessung bei seinem ersten Einsatz, Essen 1996

nungsdienst zu finden waren. Auf dem Gebiet der kleineren und mittleren Kriminalität wurde die Kriminalpolizei mit ihren Kommissariaten den Polizeiinspektionen der Schutzpolizei angegliedert. Das war ein Novum und die Neustrukturierungen waren umstritten, nicht wenige der betroffenen Kriminalbeamten empfanden sie als eine Degradierung.[125] Im Zuge dieser Modernisierung sollte sich die Polizei nach Maßgabe der »Neuen Steuerungsmodelle« ab 1996 stärker an betriebswirtschaftlichen Vorgaben und der Festlegung von messbaren Arbeitszielen orientieren – etwa der Senkung von Unfallzahlen. Gleichzeitig sollten die Polizeibeamten in einem begrenzten Rahmen Mitspracherechte für die Ausstattung ihrer Arbeitsbereiche erhalten. Output-Steuerung und Controlling polizeilicher Arbeit sollten polizeiliche Prozesse optimieren.[126] Die Übertragung von betriebswirtschaftlichen Maßnahmen und Begriffen in den öffentlichen Dienst und insbesondere in den Polizeidienst stieß jedoch auf Schwierigkeiten. Kritisiert wurde die neue, nicht alltagstaugliche Managementsprache ebenso wie der gestiegene Zeitaufwand für Produktbeschreibungen und andere polizeifremde Aufgaben. Nicht zuletzt befürchtete die Polizeibasis eine unverhältnismäßige Kontrolle ihrer Arbeit, sodass die Kritik an den Maßnahmen zumeist die Hoffnung auf den Nutzen einer professionellen Kostenrechnung überwog.[127]

In den 1990er-Jahren stieg die Sensibilität für die psychischen Belastungen, die mit dem Polizeiberuf verbunden sein konnten, etwa durch die Überbringung von Todesnachrichten oder kriminalpolizeiliche Todesermittlungen. Die Polizei reagierte hierauf mit neuen Schulungs- und Beratungsmaßnahmen. Die Höhere Landespolizeischule »Carl Severing« bot unter anderem seit 1991 ein Führungskräftetraining an, das Beamten in Vorgesetztenfunktion neben den neuesten Erkenntnissen der Führungslehre auch psychologische und ethische Inhalte vermittelte.[128] Seit

Verkehrsunfälle als Kernaufgabe polizeilicher Arbeit. Szene nach einer Kollision zwischen zwei Pkw mit fünf toten jungen Menschen zwischen Mülheim und Essen im September 1992

Anfang des Jahrzehnts gab es in den Behörden auch »Soziale Ansprechpartner« (SAP), das heißt besonders geschulte Mitarbeiter, die für Gespräche über dienstliche und außerdienstliche Probleme ohne eine zwingende Einbeziehung der Vorgesetzten bereit standen. Es wurden auch Teams zur »Psychosozialen Unterstützung« gebildet, um Beamte nach belastenden Einsatzerlebnissen mit Rat und Tat zu unterstützen und gegebenenfalls weiterführende Hilfsangebote zu vermitteln.[129] Überhaupt zeigte sich die Polizei intern nicht nur liberaler und »bunter«, sondern auch sensibler für mögliche psychische Belastungen. Nachdem 1994 der aus dem 19. Jahrhundert stammende § 175, der sogenannte Schwulen-Paragraf, aus dem Strafgesetzbuch gestrichen worden war, richtete das Polizeipräsidium Köln eine Beratungsstelle für homosexuelle Polizeibeamtinnen und -beamte ein.[130]

Ende des 20. Jahrhunderts verfügte das Land über knapp 42 200 Polizeibeamte und 18 Millionen Einwohner.[131] Zu dieser Zeit stellte insbesondere die Rockerkriminalität die Polizei vor erhebliche Herausforderungen. Die in Banden straff organisierten Biker waren im Rotlichtmilieu und in der Türsteherszene zu finden und hatten sich auf räuberische Erpressung, Zwangsprostitution und Drogenhandel spezialisiert. So durchsuchten in einer groß angelegten Aktion im Jahr 1999 rund 900 Polizeibeamte unter Federführung der Staatsanwaltschaft Düsseldorf Quartiere der »Hells Angels Germany«. Sie nahmen zahlreiche Gangmitglieder fest und stellten Schusswaffen und Sprengstoff sicher.[132] Weniger spektakulär, aber nicht minder wichtig, beschäftigte die Polizei die zunehmende Zahl an Wohnungseinbrüchen: Einen Höchststand wies die Kriminalitätsstatistik mit rund 58 000 Fällen in Nordrhein-Westfalen Mitte der 1990er-Jahre aus, was auch den bundesweiten Trend widerspiegelte. Bis Ende des Jahrzehnts sanken die Einbruchszahlen sowohl in Nordrhein-Westfalen als auch in der Bundesrepublik wieder deutlich ab.[133] Zu den dramatischsten Einsätzen des Jahrzehnts zählte nicht zuletzt der Großbrand am Düsseldorfer Flughafen 1996, bei dem 17 Menschen starben und zahlreiche Personen verletzt wurden. Ausgelöst durch Schweißarbeiten, hatte sich an der Decke des Flughafens ein Feuer entzündet, das sich dann sehr schnell ausbreitete.[134] Das Ausmaß der Katastrophe offenbarte die Gefahren in einer baulichen Anlage dieser Größenordnung mit hohem Publikumsverkehr. Diesen Gefahren sollte zukünftig durch schärfere Bau- und Brandschutzregelungen und eine Optimierung des Katastrophenmanagements besser begegnet werden.

Ein Zug der Bereitschaftspolizei in Marschbereitschaft vor dem Dienstgebäude, Essen in den 1990er-Jahren

Aufnahme aus dem Polizeihubschrauber. Teilnehmer einer Demonstration am Rande des EU-Gipfels werden vor dem Hauptbahnhof von der Polizei eingekesselt, Essen 1994.

Die Polizei Essen wird 1990 in Berlin bei der Räumung besetzter Häuser in der Mainzer Straße eingesetzt.

Die Männer fürs Heikle. Übung des Spezialeinsatzkommandos: Vor Erstürmung des Objektes wird eine Blendgranate ins Innere geworfen.

Bereitschaftspolizei im Westfalen-Stadion,
Dortmund 2002

INTERNATIONALER TERRORISMUS UND NEUE FORMEN DER KRIMINALITÄT

Die 2000er-Jahre

Die Anschläge auf das World Trade Center in New York und andere Ziele in den USA am 11. September 2001 führten drastisch vor Augen, welche Dimensionen ein international agierender Terrorismus annehmen konnte. Das Terrornetzwerk Al-Qaida forderte Europa und die USA durch zahlreiche Anschläge heraus. Eine stark radikalisierte Auslegung des Islam, die zunehmend in der arabischen Welt Anhänger fand, lehnte eine westliche Lebensweise vehement ab und propagierte die Vernichtung der als ungläubig betrachteten Menschen. Neben Spanien mit den Bombenexplosionen in Madrid 2004 oder England mit den Anschlägen in der Londoner U-Bahn 2005 rückte auch Deutschland nicht zuletzt aufgrund seines Engagements im Afghanistan-Krieg in den Fokus des Dschihad, des sogenannten Heiligen Krieges gegen die »Ungläubigen«. Dies zeigte die Aufdeckung der sogenannten Sauerland-Gruppe. Nach einem Hinweis der US-amerikanischen Nachrichten- und Geheimdienste gelang es der Polizei, im September 2007 eine kleine Gruppe von Islamisten festzunehmen, die im sauerländischen Medebach Anschläge auf US-amerikanische Einrichtungen in Deutschland plante.[135] Bereits 2004 hatten die Sicherheitsbehörden während des Staatsbesuchs des irakischen Ministerpräsidenten in Berlin einen Anschlag vereiteln können. Im selben Jahr wurden zudem Mitglieder der islamistischen Gruppe Al-Tawhid festgenommen, diese hatten jüdische Einrichtungen in Berlin und Düsseldorf im Fokus. Die 2006 von zwei Libanesen in zwei Zügen am Kölner Hauptbahnhof deponierten Bomben führten lediglich aufgrund von technischen Fehlern nicht zur Katastrophe.[136]

Auch die Ausdehnung der Europäischen Union nach Osteuropa hinterließ Spuren im Kriminalitätsgeschehen Nordrhein-Westfalens und Deutschlands. Nach den EU-Erweiterungen in den Jahren 2004 und 2007 und der damit verbundenen Aufhebung der innereuropäischen Grenzkontrollen und Reisebeschränkungen konstatierte die Polizei in Nordrhein-Westfalen einen Anstieg der Kriminalität in einzelnen Deliktsbereichen, die vorrangig mit osteuropäischen Tatverdächtigen in Verbindung gebracht wurden. Blitzeinbrüche, bei denen in nächtlichen Aktionen mit Lastkraftwagen die Eingänge von Geschäften und Baumärkten in Trümmer gelegt und in Windeseile Waren gestohlen wurden, Einbrüche in Privatwohnungen oder auch der organisierte Taschendiebstahl waren nur einige der Kriminalitätsphänomene, die insbesondere mobilen Diebesbanden aus Osteuropa zugeschrieben wurden.[137]

Bereitschaftspolizeihundertschaft Wuppertal Technische Einsatzeinheit (TEE) 2009

Das Spezialeinsatzkommando (SEK) trainiert für den Ernstfall, 2003.

Trainingseinheit der Gemeinsamen Ermittlungsgruppe Rauschgift (GER) des Zolls und der Polizei auf der Polizei-Schießanlage in Düsseldorf im April 2002

Großkontrolle auf Nordrhein-Westfalens Autobahnen 2005. Mit Zoll, Bundespolizei und BAG

Die Bekämpfung der internationalen beziehungsweise globalen Kriminalität erforderte eine stärkere, über Staatsgrenzen hinausgehende polizeiliche und nachrichtendienstliche Zusammenarbeit. Antworten suchte die Polizei in überstaatlichen Strategien und in Konzepten einer grenzüberschreitenden Verbrechensverhütung und -verfolgung. Die seit 1999 tätige Behörde Europol koordinierte bei grenzüberschreitenden Straftaten die Maßnahmen der nationalen Polizeien. Mit rund 900 Mitarbeitern – darunter auch nordrhein-westfälische Polizeibeamte – sammelte Europol Informationen zu internationaler Kriminalität und Terrorismus, wertete diese aus und stellte die Unterlagen den Mitgliedsländern zur Verfügung.[138]

Im Jahr 2005 wurde im niederländischen Heerlen das Euregionale Polizei-Informations-Cooperations-Center EPICC gegründet, das der grenzüberschreitenden Kriminalität in den grenznahen Gebieten des Dreiländerecks Deutschland-Niederlande-Belgien Rechnung tragen sollte. In diesem Sicherheitszentrum wurden für die Grenzregionen der beteiligten Länder gemeinsame Kriminalitätslagebilder erarbeitet. Im konkreten Einsatzfall konnten nun rasch Personen- und Fahrzeugdaten ausgetauscht werden. Auf deutscher Seite beteiligten sich die Kreispolizeibehörden Aachen, Heinsberg, Düren und Euskirchen an der Arbeit des Centers. Ein Jahr später trat zudem der deutsch-niederländische Polizei- und Justizvertrag in Kraft, der den Polizeien beider Staaten Vollzugsrechte wie Festnahmen und Observationen auf dem jeweils anderen Staatsgebiet einräumte. Zudem schrieb er die Möglichkeit fest, im Bedarfsfall auch Polizeikräfte aus dem jeweils anderen Land anzufordern.[139]

Polizeifliegerstaffel, Düsseldorf 2003

Wasserschutzpolizei im Ruhrgebiet 2002

Innenpolitisch verantwortete seit 2000 der promovierte Jurist Fritz Behrens (SPD) das Innenministerium im Kabinett von Wolfgang Clement (SPD). Er nahm das Ministeramt auch unter Ministerpräsident Peer Steinbrück (SPD) wahr. Mit dem Wahlsieg der CDU bei den Landtagswahlen 2005 und der Amtseinsetzung von Ministerpräsident Jürgen Rüttgers zog dann für fünf Jahre ein weiterer Jurist, Dr. Ingo Wolf (FDP), in das Innenministerium als oberster Chef der Polizei ein.[140]

Das Jahrzehnt brachte polizeiintern den Wechsel zu einer ausschließlich akademisch orientierten Ausbildung der Polizeibeamten. Drei Jahrzehnte war die Polizeiausbildung zweigleisig erfolgt. Parallel zur Fachhochschulausbildung für den gehobenen Dienst fand an den Polizeischulen des Landes die Ausbildung für den mittleren Polizeivollzugsdienst statt. Der Anteil der Fachhochschüler machte anfänglich nur einen Bruchteil aus. Erst nach und nach veränderte sich das Verhältnis, und in den 1990er-Jahren überwog die Zahl der diplomierten Polizisten schließlich. Seit 2002 stellte das Land den Polizeinachwuchs nur noch im gehobenen Dienst ein, das Studium an der Fachhochschule für öffentliche Verwaltung Nordrhein-Westfalen wurde zum Standardeinstieg.

Am 31. März 2004 verließen die letzten 87 Polizeimeisterinnen und -meister mit dem »mittleren Ausbildungsabschluss« die Polizeischule in Selm.[141] Damit endete die post-militärische Zeit des Ausbildungswesens, das sich in Kasernen durch eine Organisation in Hundertschaften mit militärischem Drill bis ins 21. Jahrhundert ausgezeichnet hatte. Mit der Einführung des Bachelor-Studiengangs im Jahr 2008 und dem Auslaufen des bisherigen Diplomstudiengangs im Jahr 2010 trug das Polizeistudium dann dem Bologna-Prozess Rechnung, der auf eine europaweite Harmonisierung von Studiengängen und Studienabschlüssen abstellte.[142] Seitdem verließen die jungen Studierenden beziehungsweise Kommissaranwärterinnen und -anwärter die Fachhochschule mit einem »Bachelor of Arts«. Auch die Ausbildung für den höheren Polizeivollzugsdienst erfuhr 2005 eine akademische Aufwertung, als die Polizeiführungsakademie in Münster-Hiltrup in die »Deutsche Hochschule der Polizei« umgewandelt und der Mastergrad in den Fächern Öffentliche Verwaltung/Polizeimanagement eingeführt wurde.[143]

Demonstration des Bundes der Kriminalbeamten 2008 in Düsseldorf. Die Kriminalisten fühlen sich nach Organisationsreformen in ihrer Karriere gegenüber der Schutzpolizei benachteiligt.

Grenzüberschreitende polizeiliche Zusammenarbeit am Grenzübergang Bad Bentheim/Oldenzaal 2009

Frauen in der Polizei 2002, Werbefoto der Polizei

Einsatzleitstelle im Polizeipräsidium Essen 2000

Veränderungen brachten auch neue gesetzliche Vorschriften. Größeres Augenmerk wurde nun auf die Situation der Opfer und deren Schutz gelegt. In Fällen von häuslicher Gewalt konnten Polizeibeamte nach der Ergänzung des Polizeigesetzes (§ 34a) den Gewalttäter seiner Wohnung verweisen und ein zehntägiges Rückkehrverbot aussprechen, um den Opfern, zumeist Frauen und Kindern, einen ersten Freiraum zu verschaffen. Die Polizei legte zudem Programme auf, mit denen betroffenen Frauen erste Hilfsangebote, zum Beispiel von Frauenhilfsvereinen, unterbreitet wurden, um den Ausstieg aus dem Gewaltverhältnis und damit aus dem alten Leben zu bewältigen.[144] Auch der neue Stalking-Paragraf, § 238 des Strafgesetzbuches, zielte auf eine Verbesserung des Schutzes von Opfern. Er erleichterte die polizeiliche Strafverfolgung gegen Personen, die mit massiven Nachstellungen durch persönliche Kontakte, Anrufe, Briefe oder Mails in das Leben von anderen Menschen gegen deren Willen eingriffen. Zahlreiche Verhaltensweisen, die das Stalking ausmachten, waren bis dahin strafrechtlich nicht zu fassen gewesen.[145] Die neuen Regelungen markierten damit einen Paradigmenwechsel. Noch in den 1970er-Jahren wurden häusliche Auseinandersetzungen als private Angelegenheit betrachtet, bei der die Polizei bestenfalls im Rahmen einer Streitschlichtung in der akuten Phase der Auseinandersetzung tätig wurde und aggressive Familienschläger nur gelegentlich zur Unterbindung einer unmittelbaren Fortsetzung von Körperverletzungen für wenige Stunden in Gewahrsam nahm oder des Platzes verwies. Erst der langwierige Prozess einer zunehmenden Ächtung von Beziehungsgewalt führte zu den neuen gesetzlichen Instrumentarien der Polizei, zu denen neben den genannten Vorschriften auch das Gesetz zum zivilrechtlichen Schutz vor Gewalttaten und Nachstellungen aus dem Jahr 2001 zählte. Es gewährte den Opfern neben den ausgesprochenen Kontaktverboten auch einen höheren zivilrechtlichen Schutz.[146]

Die aus der Sat.1-Fernsehreportage bekannten Bochumer Polizeibeamten Toto und Harry in der Mittagspause 2004

Eine Polizeioberkommissarin in neuer blauer Uniform und mit neuem Digitalfunkgerät, Düsseldorf 2009.

»Die Welt zu Gast bei Freunden«. Fußball-Weltmeisterschaft 2006, Gelsenkirchen

In der ersten Dekade des 21. Jahrhunderts präsentierte sich die Polizei mehrfach in einem neuen Erscheinungsbild. 2002 wechselte die Farbe der Streifenwagen zunächst von Grün-Weiß nach Grün-Silber. Die Fahrzeuge waren auch nicht mehr zweifarbig lackiert, sondern die neuen, komplett silberfarbenen Fahrzeuge wurden lediglich partiell mit grünen Folien beklebt. Mit dieser Umstellung hoffte die Polizei, die Chancen zum Weiterverkauf von ausgesonderten Fahrzeugen zu erhöhen. Zwei Jahre später endete dann die Ära von polizeilichen Kfz-Kennzeichen, die die Zugehörigkeit zu Städten und Kreisen und damit zur Polizeibehörde auswies. Die neuen Kennzeichen der Polizeifahrzeuge wiesen lediglich die Kennung »NRW« aus. Gegen Ende des Jahrzehnts wechselte die Farbe der Polizeifahrzeuge erneut, nun zu Blau-Silber.[147] Seit 2009 wurden auch die Polizeibeamten sukzessive mit neuen Uniformen ausgestattet. Die alten grün-beigen Anzüge des Modedesigners Heinz Oestergaard wichen einer dunkelblauen Uniform. Die Polizei folgte damit den internationalen Standards, denn in fast allen europäischen Staaten trugen Polizeibeamte bereits blaue Uniformen.[148]

Das Jahrzehnt barg eine Reihe von aufsehenerregenden Polizeieinsätzen. Im Juni 2003 ermittelte die Kriminalpolizei in Recklinghausen zum Tod des prominenten FDP-Politikers Jürgen Möllemann, der sich – wie sich herausstellte – bei einem Fallschirmsprung absichtlich in den Tod gestürzt hatte.[149] Der Wuppertaler Polizei gelang 2004 mit dem Fund von 270 Kilogramm Rohopium die größte Rauschgiftsicherstellung, die es bis dahin in Deutschland gegeben hatte.[150] Auch wurde eine Reihe von Großveranstaltungen durch die Polizei begleitet. Während des Weltjugendtages 2005 in Köln war die Sicherheit von rund einer Million Besuchern aus 160 Ländern zu gewährleisten. Unter den Gästen befand sich auch Papst Benedikt XVI.[151] Nur ein Jahr später fand in Deutschland die Fußball-Weltmeisterschaft statt. Unter dem Motto »Zu Gast bei Freunden« träumten die Deutschen einen Monat lang bei schönstem Sonnenschein ihr »Sommermärchen 2006«. In Nordrhein-Westfalen waren Dortmund, Gelsenkirchen und Köln

Bereitschaftspolizeihundertschaft Wuppertal Technische Einsatzeinheit (TEE) 2009

Sprengstoffanschlag am S-Bahnhof Wehrhahn, Düsseldorf-Flingern 27. Juli 2000

Mafia-Morde in Duisburg. Mafiakrieg des kalabrischen 'Ndrangheta-Clans, Duisburg 15. August 2007

WM-Austragungsorte. Die Spiele, Fan-Meilen und Public Viewing-Treffen bescherten der Polizei zwar viel Arbeit, doch es wurde überwiegend friedlich gefeiert. Deutschland präsentierte sich im Ausland als fairer und herzlicher Gastgeber.[152] Mit den Polizeikräften anderer Bundesländer besteht ein reger Austausch bei der gegenseitigen Unterstützung von Einsätzen. Unter den 22 000 Polizeibeamten, die im Juni 2007 im Ostseebad Heiligendamm den G8-Gipfel absicherten, befanden sich 2 200 aus Nordrhein-Westfalen.[153]

Anfang 2000 schockierten die Morde an drei Polizisten die Öffentlichkeit. Als der Neonazi Michael Berger im Juni 2000 in Dortmund im Rahmen einer Verkehrskontrolle wegen Missachtung der Gurtpflicht angehalten wurde, schoss er auf die beiden Polizeibeamten. Ein Beamter wurde getötet, eine Beamtin verletzt. Der Schütze flüchtete nach Waltrop, wo er zwei weitere Polizisten und anschließend sich selbst tötete.[154] Auch in Düsseldorf vermutete die Polizei einen rechtsextremen Hintergrund, als am 27. Juli 2000 bei einem Splitterbomben-Anschlag an einer S-Bahn-Haltestelle zehn Menschen zum Teil lebensgefährlich verletzt wurden. Unter den Opfern befanden sich überwiegend sogenannte jüdische Kontingentflüchtlinge aus der ehemaligen Sowjetunion, die aufgrund ihrer deutschen Abstammung in Deutschland eine neue Heimat gefunden hatten.[155] Auch die mehr als 13 Jahre andauernde Raub-, Anschlags- und Mordserie des rechtsextremistischen »Nationalsozialistischen Untergrunds« (NSU), die zunächst von Polizei- und Verfassungsschutz-Behörden nicht als solche erkannt worden war, hatte Opfer in Nordrhein-Westfalen. Dem deutschlandweit agierenden Trio wurde insbesondere die Ermordung von neun türkisch- und griechischstämmigen Kleinunternehmern sowie einer Polizistin zugeschrieben. 2001, 2004 und 2006 schlugen sie in Köln und Dortmund zu. Nachdem jahrelang in eine falsche Richtung ermittelt worden war – den Sicherheits- und Geheimdiensten unterliefen schwere Fehler –, wurde das NSU-Trio im November 2011 in Eisenach entdeckt. Uwe Mundlos und Uwe Böhnhardt entzogen sich der Festnahme durch Selbsttötung. Der Prozess gegen Beate Zschäpe am Oberlandesgericht München begann im Mai 2013 und endete im Juli 2018 mit ihrer Verurteilung zu lebenslanger Haft. Das Urteil ist noch nicht rechtskräftig.[156]

Neben diesen Anschlägen erschütterte vor allem auch der Amoklauf von 2006 die Gesellschaft. Am 20. November 2006 stürmte ein ehemaliger Schüler schwer bewaffnet eine Realschule im westfälischen Emsdetten. Nachdem er mehrere Menschen zum Teil schwer verletzt hatte, tötete er sich selbst.[157] Ein Jahr später, am 15. August 2007, schockierte die Ermordung von sechs italienischen Männern auf offener Straße in Duisburg die Bevölkerung. Es wurde deutlich, dass die italienische Mafia auch in Deutschland aktiv war. Die Männer waren nach einer Feier vor dem Restaurant erschossen worden. Die Tat stand in Zusammenhang mit einer seit vielen Jahren bestehenden Fehde zwischen zwei Mafia-Clans.[158] An der Aufklärung des Falles waren neben den nordrhein-westfälischen Polizeibeamten auch Sicherheitsbehörden in den Niederlanden und Italien beteiligt.[159] Für bundesweites Aufsehen sorgten jedoch auch Missstände innerhalb der Polizei, die im Mai 2002 an die Öffentlichkeit gelangten. Mehrere Polizisten der Kölner Polizeiwache Eigelstein hatten einen psychisch kranken Ruhestörer auf der Wache durch Tritte und Schläge misshandelt, sodass der Mann kurze Zeit später an seinen Verletzungen verstarb.[160] Im März 2009 wurden Polizei und Feuerwehr von dem Einsturz des Historischen Archivs der Stadt Köln überrascht. Die unterirdischen Arbeiten an einer neuen U-Bahn-Linie hatten zu einem riesigen Erdloch geführt, in das das Archiv abrutschte. Zwei Menschen starben bei diesem Unglück, unzählige historische Dokumente gingen unwiederbringlich verloren.[161] Einen Lichtblick hingegen boten die Erfolge in der Verkehrsunfallbekämpfung. Mit 942 Toten und 88 000 Verletzten in Nordrhein-Westfalen im Jahr 2003 befand sich die Zahl der Unfallopfer auf den Straßen des Landes seit der Einführung der Verkehrsstatistik auf einem historischen Tiefstand.[152]

Auswertung von Radarfotos, Essen 2000

Autobahnpolizei und Verkehrsstau auf der Autobahn in Essen 2000

Geschwindigkeitskontrolle
in Essen 2000

Mountainbike-Streife, Essen 2016

ALTE UND NEUE HERAUSFORDERUNGEN

Die Jahre 2010–2019

Die im Mai 2010 erfolgten Landtagswahlen führten zur Ablösung der christlich-liberalen Landesregierung. Die neue rot-grüne Minderheitsregierung unter Ministerpräsidentin Hannelore Kraft (SPD) wurde von der erstmals in den Landtag gewählten Partei Die Linke geduldet. Das Amt des Innenministers übernahm der gelernte Groß- und Außenhandelskaufmann Ralf Jäger (SPD). Nur zwei Jahre später stärkten die Wähler bei den vorgezogenen Neuwahlen die Regierungskoalition von SPD und Bündnis 90/Die Grünen. Die Landtagswahl 2017 brachte dann wiederum eine schwarz-gelbe Landesregierung hervor. Im Kabinett von Armin Laschet (CDU) übernahm Herbert Reul (CDU) die Leitung des Innenministeriums.[163] Die 2012 in den Landtag gewählte Piratenpartei sowie Die Linke schafften es nicht mehr in den neuen Landtag. Dafür zog jetzt die AfD neu in das Landesparlament ein.

In diese Zeit fiel ein erschütterndes Ereignis. Die seit 1989 veranstaltete Technoparty »Loveparade«, die jedes Jahr mehrere Hunderttausend Teilnehmer anzog, wechselte im Jahr 2007 nach einer Veranstaltungspause von der Spree an die Ruhr. Die nordrhein-westfälische Polizei hatte nun die Sicherheit für die 1,2 Millionen Besucher der Loveparade zu organisieren, 2007 zunächst in Essen. 2008 fand das Techno-Event der Superlative in Dortmund statt, die für 2009 in Bochum geplante Veranstaltung wurde aus Kapazitäts- und Sicherheitsgründen abgesagt. Im Jahr darauf trafen sich die Raver in Duisburg. Am 24. Juli 2010 startete am Rande der Duisburger Innenstadt auf dem Gelände des stillgelegten Güterbahnhofs die Loveparade. Zu dem Festivalgelände führten schmale Zuwege, durch die sich Menschenmassen schoben. Am Nachmittag kam es im Bereich einer Bahnunterführung vor dem eigentlichen Raver-Lkw-Umzug zu einem sehr starken Gedränge, in dem Tausende von Menschen zusammengequetscht wurden. In der panischen Menschenmenge starben 21 junge Menschen, 652 weitere Personen wurden zum Teil

Eine Party wird zur Todesfalle, die Loveparade 2010. Das Partygelände mit dem sogenannten Todestunnel auf der Karl-Lehr-Straße, Duisburg 24. Juli 2010

lebensgefährlich verletzt. Viele der Helfer, auch zahlreiche Polizeibeamte, benötigten nach diesem Ausnahme-Großeinsatz selbst psychologische Hilfe.[164] Aufgrund ihres späten Einschreitens wurde auch der Polizei eine Mitverantwortung an der Katastrophe zugeschrieben.[165]

Doch auch außenpolitische Entwicklungen prägten die Geschehnisse im Land. Die revolutionären Ereignisse in Nordafrika und in der arabischen Welt sollten Folgen für Nordrhein-Westfalen haben. Im Dezember 2010 begann in Tunesien ein Aufstand, der rasch auch andere Länder der Region erfasste. Die Bevölkerungen lehnten sich im sogenannten Arabischen Frühling gegen autokratisch herrschende Machtstrukturen auf, stürzten Regierungen und installierten neue Staatsführungen. Doch was zunächst nach einem hoffnungsvollen Aufbruch gegen staatliche Unterdrückung aussah, entwickelte sich mancherorts zu blutigen Auseinandersetzungen und Bürgerkriegen. Um ein radikal-islamisches Kalifat zu etablieren, gingen radikale Islamisten in Syrien und auch im Irak mit brutalsten Mitteln gegen die Bevölkerung vor.[166] Zahlreiche Menschen flüchteten vor dem »Islamischen Staat« (IS) und suchten nicht zuletzt in Deutschland und insbesondere in Nordrhein-Westfalen Schutz. 2015 erreichten die Flüchtlingsströme einen Höhepunkt. Die Reaktion innerhalb der Gesellschaft war gespalten, emotional geführte Debatten waren die Folge. Sie polarisierten zwischen einer »Willkommenskultur« mit großem zivilgesellschaftlichem Engagement und staatlicher Flüchtlingshilfe einerseits und Schock, Überforderung bis hin zu tiefer Ablehnung der »Fremden« andererseits.[167]

Die Flüchtlingsströme boten rechtspopulistischen Bewegungen wie »Pegida« (Patriotische Europäer gegen die Islamisierung des Abendlandes) eine Agitationsmöglichkeit. Seit Herbst 2014 wandte sich die fremdenfeindliche »Empörungsbewegung«, zunächst in Dresden und dann auch mit ihren lokalen Ablegern in zahlreichen anderen Städten wie »Dügida« in Düsseldorf, öffentlichkeitswirksam mit wöchentlichen Demonstrationen gegen die deutsche Einwanderungs- und Asylpolitik. Gleichzeitig stießen die radikalen Forderungen jedoch auch auf erhebliche Ablehnung innerhalb der Gesellschaft, und es entstanden große Gegenbewegungen. Dieses Veranstaltungs- und Protestgeschehen band die Kräfte der Polizei über Monate stark.[168] Allein in den ersten sechs Wochen des Jahres 2015 hatte sich die Polizei in Nordrhein-Westfalen sowohl als Ordnungs-, Sicherheits- und Vollzugsbehörde um 170 Demonstrationen zu kümmern, die im Zusammenhang mit der Flüchtlingspolitik standen. Von Januar bis Februar 2016 wurden landesweit 290 Angriffe gegen Asylunterkünfte registriert. Davon gingen 260 auf das Konto der »Politisch motivierten Kriminalität Rechts«. Allein im Januar 2015 belief sich die Zahl der entsprechenden Strafanzeigen auf 2 600. Im ganzen Jahr führte die Polizei in Nordrhein-Westfalen etwa 78 000 Einsätze in oder an Flüchtlingsheimen durch. Hierunter fielen ebenso Strafverfolgungseinsätze, bei denen Flüchtlinge Opfer oder Täter waren, wie Gefahrenabwehreinsätze bei

Die Polizei hat das Demonstrationsrecht auch rechtsextremer Parteien abzusichern. Neben Muslimen waren vor allem Flüchtlinge Zielscheibe extrem rechter und rechtspopulistischer Agitation. Demonstration in Duisburg am 9. November 2013

Ein Schutzpolizist und ein Flüchtlingsjunge in einer als Asylbewerberunterkunft dienenden Traglufthalle, Duisburg 2017

Bedrohung durch Feuer oder Randalierer. Vor allem handelte es sich jedoch um routinemäßige Streifenfahrten und Schutzmaßnahmen. Lediglich jeder zehnte Einsatz war »außenveranlasst«, neunzig Prozent dieses Einsatzaufkommens basierten auf präventiven Aufklärungs- und Schutzmaßnahmen der Polizei.[169]

Einem fremdenfeindlichen Hintergrund wurde auch der lebensgefährliche Anschlag auf die Kölner Oberbürgermeisterkandidatin Henriette Reker im Jahr 2015 zugeschrieben. Reker, die in der Domstadt die lokale Flüchtlingspolitik verantwortete, wurde während eines öffentlichen Auftritts niedergestochen. Damit wiederholte sich in Köln 25 Jahre nach dem Anschlag auf den damaligen Kanzlerkandidaten Oskar Lafontaine eine entsprechende Messerattacke während einer Wahlkampfveranstaltung.[170]

Auch die Ereignisse in der Kölner Silvesternacht 2015/16 mit den zahlreichen Übergriffen durch junge Migranten schlugen medial und politisch hohe Wellen und boten fremdenfeindlichen Stimmungen weitere Nahrung. Zahlreiche Männer, vornehmlich nordafrikanischer und arabischer Abstammung, hatten sich zum Jahreswechsel in größeren Gruppen in der Nähe des Kölner Hauptbahnhofs und auf der Domplatte versammelt und begingen Straftaten wie Diebstahl, Raub und sexuelle Nötigung. Die Polizei war auf diese Massenansammlung nicht vorbereitet gewesen und unterschätzte die Lage. Erst Tage später zeichnete sich das ganze Ausmaß der begangenen Straftaten ab. Bis Mitte Januar gingen 800 Strafanzeigen ein, die insbesondere von betroffenen Frauen erstattet wurden.[171]

Der Terroranschlag in Berlin am 19. Dezember 2016 mit zwölf Toten und mehr als 50 Verletzten unterstrich dann, dass sich nach den Anschlägen in Frankreich und Belgien auch Deutschland im Visier von IS-Terroristen befand. Der Tunesier Anis Amri, der einen Lkw in die Menschenmenge auf dem Weihnachtsmarkt im Zentrum der Stadt steuerte, hatte zuvor unter anderem in einer Flüchtlingsunterkunft im niederrheinischen Emmerich gewohnt.[172]

Die Polizei stieß zunehmend an Belastungsgrenzen. Die nordrhein-westfälische Bereitschaftspolizei leistete 2014 mehr als 3,5 Millionen Personalstunden. Dabei stiegen allein die »Einsätze aus besonderem Anlass« (insbesondere Fußballeinsätze und Demonstrationen) zwischen Anfang 2013 und Anfang 2014 um mehr als fünfzig Prozent an. Einen maßgeblichen Anteil daran hatten die zahlreichen Demonstrationen der rechtspopulistischen Pegida-Bewegung. Aber auch die Unterstützung anderer Bundesländer schlug bei diesem Stundenvolumen zu Buche.[173]

Das nordrhein-westfälische Innenministerium reagierte auf die Belastungsspitzen, stellte zusätzliche Stellen für Polizei und Verfassungsschutz in Aussicht und beförderte Neueinstellungen. Waren es 2010 1 100 junge Polizeianwärterinnen und -anwärter, die ihren Dienst aufnahmen, stieg deren Anzahl 2011 auf 1 400 und 2016 auf 1 920 Personen. Dauerhaft sollte sich die Zahl

Eine Polizeibeamtin wacht über die Sicherheit des Karnevalsumzugs, Mülheim 2017.

Ende der Unbeschwertheit. In Mülheim, wie in vielen anderen Städten auch, wurde 2017 die Zugstrecke des Karnevalszuges mit Großfahrzeugen abgesperrt. Hintergrund waren mehrere islamistische Terrorangriffe in ganz Europa, bei denen schwere Lkw als Mordwaffen in Menschenmengen gelenkt wurden.

Junge Kommissaranwärter bei der Schießausbildung, Selm-Bork 2016

Theorie, Training und Praxis. Duisburger Polizei-Studierende mit Professorin beim Landesamt für Ausbildung, Fortbildung und Personalangelegenheiten der Polizei NRW in Selm-Bork 2015. Sechs der 18 Studierenden haben einen sogenannten Migrationshintergrund.

der jährlichen Neueinstellungen auf etwa 2 000 Polizeianwärter einpendeln.[174] Dabei schritt auch die Integration junger Polizeieinsteiger mit Migrationshintergrund voran.[175] Im Herbst 2017 nahmen dann sogar 2 300 Männer und Frauen ihre Polizeiausbildung auf. Insgesamt befanden sich 2016 rund 40 200 Polizeibeamtinnen und -beamte im Dienst des Landes Nordrhein-Westfalen.[176] Ein neuer Sporterlass sollte zudem die allgemeine Fitness der Polizei garantieren. Der Innenminister forderte fortan von allen Polizeivollzugsbeamten einen jährlichen Nachweis ihrer sportlichen Leistungsfähigkeit.[177] Und war es in den 1970er-Jahren die Länge der Haare, die innerpolizeilichen Regelungsbedarf hervorrief, bargen nun Tattoos und Piercings entsprechendes Konfliktpotenzial.[178]

Insgesamt schien die Polizeiarbeit immer gefährlicher zu werden. Eine 2013 veröffentlichte Studie zur »Gewalt gegen Polizeibeamtinnen und -beamte« in Nordrhein-Westfalen hob hervor, dass 2011 jeder zweite Polizist mit Bürgerkontakt einem mehr oder minder schweren körperlichen Angriff ausgesetzt war.[179] Im Mai 2012 führten etwa Provokationen der rechtspopulistischen Partei Pro NRW bei einer Wahlkampfkundgebung in Bonn zu schweren Ausschreitungen von radikalen Salafisten. Die Polizei wurde mit Steinen und Knüppeln angegriffen, zwei Beamte erlitten schwere Stichverletzungen.[180] Die Ausstattung der Polizei mit Schulterkameras soll die Sicherheit der Beamten zukünftig erhöhen. Die an den Uniformen befestigten »Body-Cams« werden zurzeit in Köln, Düsseldorf, Duisburg, Wuppertal und Siegen getestet.[181]

Mit der Konzentration auf Arbeitsschwerpunkte, der Durchführung von Aktionsmaßnahmen und der Einrichtung von spezifischen Kommissionen begegnete die Polizei dem komplexen Kriminalitätsgeschehen im Land. Das Programm »Intensivtäter Gewalt und Sport« setzte zum Beispiel den Schlägern in der Fußball-Fanszene engere Grenzen.[182] Auf die landesweite Serie von Geldautomatensprengungen, bei denen die Täter nicht nur viel Bargeld erbeuteten, sondern auch Gebäudeschäden in Millionenhöhe anrichteten, reagierte die Polizei mit der Einrichtung der Ermittlungskommission »Heat« im Landeskriminalamt.[183] Doch vor allem die hohe Einbruchskriminalität blieb ein Sorgenkind der Polizei. Die Zahl der Einbrüche, insbesondere in

Jung und modern. Werbung für den Polizeiberuf und das Fachhochschulstudium, Mülheim/Ruhr 2017

Ausgelöst durch Provokationen der Partei Pro NRW fanden am 5. Mai 2012 in Bonn-Lannesdorf schwere Ausschreitungen radikalisierter Salafisten statt.

Rechts-Links-Demonstration in Dortmund am 23. August 2017

Seit Anfang 2017 halten Laptops mit Internetverbindung auf den Streifenwagen der nordrhein-westfälischen Polizei Einzug, Duisburg 2017. Ein Beamter bedient einen Computer, der mit einem Livescan-Gerät zur Erfassung von Fingerabdrücken (siehe Kofferraumboden links) verbunden ist.

Razzia in einer Duisburger »Roma-Siedlung« 2017. An der Aktion waren neben Polizeibeamten auch Mitarbeiter des Ordnungsamtes, Gerichtsvollzieher und Beamte der rumänischen Polizei beteiligt.

Privatwohnungen, erhöhte sich zwischen 2010 und 2015 von rund 45 000 auf 62 000 Fälle. Die Aufklärungsquote lag nur bei rund 14 Prozent, und in lediglich zwei bis drei Prozent aller Fälle konnten Täter verurteilt werden. Die Polizei versuchte mit einer Sensibilisierung der Bevölkerung für Haus-Sicherungstechnik, einem Aufruf zu mehr Wachsamkeit und Aktionsprogrammen wie aufwendigen Straßenkontrollen der Lage Herr zu werden.[184] Abhilfe sollte auch die Einführung eines sogenannten Einbruchsradars bringen. Bürger konnten sich im Internet darüber informieren, wo es zu Wohnungseinbrüchen gekommen war. Mit der Software IBM SPSS wurden die Tore für das »Predictive Policing« geöffnet. Die Speicherung zahlreicher kriminologischer Daten sollte Rückschlüsse auf zukünftige Tatorte und eine Prognose für bevorstehende Wohnungseinbrüche ermöglichen.[185]

Der Straßenverkehr war und ist ein weiteres zentrales Aufgaben- und Tätigkeitsfeld der Polizei. Hier galt es, die Hauptunfallursache »Überhöhte Geschwindigkeit« zu bekämpfen. Die von der nordrhein-westfälischen Polizei durchgeführten Aktionen gegen Raserei, die sogenannten Blitzmarathons, fanden Nachahmung in anderen Bundesländern und im benachbarten Ausland. Auch die Nutzung von Mobiltelefonen während der Autofahrt war eine neue, stark zunehmende Unfallursache. Immer häufiger stellte die Polizei zur Klärung eines Verkehrsunfalls auch Smartphones sicher, um zu prüfen, ob die Autofahrer während der Fahrt hierdurch abgelenkt worden waren.[186]

Videoüberwachung, Essen Rheinischer Platz, Februar 2017

Videoüberwachung mit Live-Übertragung, Essen, im Februar 2017

Integrative Kontrollen (nordrhein-westfälische und niederländische Polizei), Aachen, im November 2016

Verkehrsunfälle als Arbeitsschwerpunkt der Autobahnpolizei, hier Autobahn 4 südlich von Köln, Fahrtrichtung Heerlen im September 2016

Aus polizeiorganisatorischer Sicht stellte die Umstellung der Polizeibehörden von dem Zwei-Abteilungs-Modell mit den Abteilungen »Strafverfolgung/Gefahrenabwehr« (GS) und »Verwaltung/Logistik« (VL) auf das Direktionsmodell eine Neuerung dar. Seit 2011 gliederten sich die Behörden in die Direktionen »Gefahrenabwehr/Einsatz« (GE), »Kriminalität« (K), »Verkehr« (V) und »Zentrale Aufgaben« (ZA).[187] Die Polizei wechselte auch von analogem zu digitalem Funk.[188] In diesen Jahren änderte sich der Fuhrpark der Polizei dahingehend, dass die bisherigen Streifenwagen des Typs VW Passat durch Fahrzeuge des Typs BMW 318 Touring ersetzt wurden.[189] Die neuen Fahrzeuge riefen in der Polizeipraxis ein geteiltes Echo hervor. Während der technische Standard und die Fahrleistungen des bayrischen Fabrikates gelobt wurden, stieß der als zu klein empfundene Innenraum des Autos auf die Kritik, er bereite größer gewachsenen Polizeibeamten und beim Transport von Personen und Gegenständen Probleme.[190] Auch die Wasserschutzpolizei rüstete technisch auf. Sie erhielt mit der WSP 1 ihr bislang größtes Boot. Das Flaggschiff der Wächter der Flüsse und Kanäle war mit modernster Computertechnik ausgestattet und erreichte eine Spitzengeschwindigkeit von etwa sechzig Kilometern pro Stunde.[191]

Gleichzeitig öffnete sich die Polizei für die Nutzung moderner Kommunikationsnetzwerke. Zahlreiche Kreispolizeibehörden verfügten über eigene Facebook-Auftritte, über die polizeiliche Ermittlungserfolge veröffentlicht oder Fahndungen herausgegeben und damit einer großen Öffentlichkeit zur Kenntnis gebracht wurden.[192] Dabei blieb auch die Polizei nicht von den mit den neuen technischen Möglichkeiten des Internets einhergehenden kriminellen Fallstricken verschont. 2012 zwang ein Hackerangriff die Homepage der Polizei für eine Woche in die Knie.[193]

2018 sorgte der personalintensive Einsatz der Polizei im Hambacher Forst für öffentliches Aufsehen. Polizeihundertschaften hatten die Aufgabe, die von Aktivisten besetzten Bäume zu räumen, damit der Wald gerodet und der vom Energiekonzern RWE getragene Braunkohleabbau voranschreiten konnte. Diese Räumungsmaßnahmen wurden von erheblichen Protesten und Demonstrationen begleitet. Erst nach dem gerichtlichen Rodungsstopp für die nächsten zwei Jahre, der einem Paradigmenwechsel gleichkam, beruhigte sich die Lage wieder. Die Polizei sieht sich hier zwischen zwei Polen hin und her geworfen. Einerseits macht ein Großunternehmen seinen rechtsstaatlich begründeten Anspruch auf Schutz seines Eigentums geltend, andererseits fordern Teile der Bevölkerung nicht minder begründet ihren Anspruch auf effektiven Schutz ihrer Umwelt ein. Des Weiteren führte die stundenlange Geiselnahme am Kölner Hauptbahnhof im Oktober zu einem Großeinsatz der Polizei. Der dabei vorgetäuschte islamistische Hintergrund barg zusätzliche Brisanz.[194] Zuletzt, Anfang 2019, offenbarte sich schweres Polizeiversagen im Fall des sexuellen Missbrauchs an Kindern auf einem Camping-Platz im Kreis Lippe, als Beweismaterial verschwand und früheren Hinweisen nicht nachgegangen worden war.[195]

Kontrollfahrt der Wasserschutzpolizei auf dem Rhein, Duisburg 2017

Gleisblockaden der Klimaaktivisten rund um ein Kohlekraftwerk anlässlich des Klima-Camps bei Aachen, 18.–29. August 2017

SCHLUSSBEMERKUNGEN – SICHERHEIT UND FREIHEIT

Die letzten siebzig Jahre haben gezeigt, dass sich das Selbstverständnis, die Aufgaben und überhaupt die Institution Polizei stark wandelten. Unterschiedliche Leit- und Selbstbilder sowie gesellschaftliche Erwartungen und Zuschreibungen werden deutlich, wenn die Polizei etwa als »Freund und Helfer«, »Sozialingenieur«, »Sozialarbeiter« oder auch als »Erzieher der Nation« betrachtet wird. Fragen und Probleme, die in Politik und Gesellschaft kontrovers diskutiert werden, betreffen unmittelbar die alltägliche praktische Arbeit der Polizei. Insbesondere die jüngsten Entwicklungen unterstreichen, dass die Polizei auch heute wieder vor erheblichen Herausforderungen steht. Als Vertreter des staatlichen Gewaltmonopols gilt sie als Garant für Sicherheit und Ordnung im Inneren eines Staates. Sie hat die Umsetzung auch unbeliebter Entscheidungen des Staates zu gewährleisten. Gleichzeitig verhilft sie einzelnen Bürgern und Gruppen zur Durchsetzung ihrer verfassungsmäßig garantierten (Freiheits-)Rechte. Dies macht sie auch dann, wenn sie populistische Demonstrationen gegen Störungen abschirmt, ohne deren Ziele zu teilen. Die Polizei steht damit immer wieder »zwischen den Fronten«, was sie zum Feindbild sowohl der politischen Linken als auch Rechten werden lässt.

Die Art und Weise, wie die Polizei ihre Aufgabe erledigt und dabei das »polizeiliche Gegenüber« wahrnimmt, gibt Auskunft über den inneren Zustand und die demokratische Verfasstheit einer Gesellschaft und ihres Staates. Zurzeit reagiert der Staat mit erhöhtem Ressourceneinsatz und neuen Polizeinormen. Nordrhein-Westfalen hat wie alle Bundesländer das Polizeigesetz an die EU-Datenschutzlinie und das BKA-Urteil anzupassen. Die Diskussion um die Erweiterung der polizeilichen Eingriffsmöglichkeiten bei einer »drohenden Gefahr« markiert die Spannungslinie zwischen dem neuen Sicherheitsstreben und den gewährten Freiheitsrechten. Und während die einen eine »robustere Polizei« fordern, befürchten andere den Verlust der Bürgerorientierung.[196] Die Polizei bewegt sich damit in eine unbekannte Zukunft. Wird sie den neuen Herausforderungen personell und technisch gewachsen sein? Und wie wird sich ihre Arbeit in Zeiten gesellschaftlicher und politischer Polarisierung verändern?

Der Blick in die Vergangenheit hat zu erkennen gegeben, dass polizeiliche und gesellschaftliche Entwicklungen – obgleich aufeinander bezogen – versetzt beziehungsweise in unterschiedlichen Geschwindigkeiten verlaufen können. Angesichts der zunehmend als unsicher und unübersichtlich empfundenen Zeiten scheint die Polizei heute wieder an einem Scheideweg zu stehen. Organisierte Bandenkriminalität, politischer Extremismus und Terrorismus sind dabei die offensichtlichsten Herausforderungen, die auch Grenzen der Polizeiarbeit vor Augen führen. Ebenso wird die allgemein festzustellende erhöhte emotionale Reizbarkeit innerhalb der Gesellschaft, die mit einer wachsenden verbalen und handfesten Aggressionsbereitschaft einhergeht, kaum ohne Einfluss auf die Arbeit der Polizei bleiben. Inwieweit sich dies direkt in ihrem Auftreten und Handeln spiegelt oder es ihr vielmehr gelingt, durch ein Festhalten am Prinzip der Verhältnismäßigkeit Konfliktpotenziale frühzeitig zu entschärfen, bleibt abzuwarten. Bei aller Ungewissheit dürfte aber feststehen: Durch ein besonnenes Handeln in nervösen Zeiten kann die Polizei und damit jede Polizistin und jeder Polizist dazu beitragen, politischen und sozialen Frieden zu bewahren. Polizeiarbeit in einem demokratischen Staat steht für die Gewährleistung von Sicherheit und (!) Freiheit.

Berufsethische und polizeigeschichtliche Bildung in der Polizei. Polizisten setzen sich am historischen Ort mit der Geschichte und Nachgeschichte der Polizei im Nationalsozialismus auseinander. Hier eine Einsatzhundertschaft aus Düsseldorf beim Thementag »Polizei – Geschichte – Verantwortung« im Geschichtsort Villa ten Hompel, Münster 2016

Sportanlage des Landesamts für Ausbildung, Fortbildung und Personalangelegenheiten der Polizei NRW, Selm-Bork 2016

WIE ICH »BULLEN« RESPEKTIEREN LERNTE UND DEN RESPEKT NICHT VERLIEREN MÖCHTE

Ein skeptisches Nachwort von Claus Leggewie

Das Ereignis, das mich, außer mit dem netten Verkehrspolizisten auf dem Schulweg, mit »den Bullen« in Kontakt und auch gleich in Konflikt gebracht hat, kommt in diesem Buch am Rande vor. Es war die Schüler-Demo gegen die Preiserhöhung der Kölner Verkehrsbetriebe im Herbst 1966. Wir stellten uns spontan auf die Gleise und brachten den Verkehr in der Kölner Innenstadt zum Erliegen. Halb pubertäre Pennäler-Veranstaltung, halb echter politischer Protest ging diese Blockade durch obergerichtliche Urteile sogar in die Rechtsgeschichte ein. Die Polizisten – damals bürgerte sich der unbürgerliche Ausdruck »Bullen« ein – waren 1966 ff. sichtlich überfordert, und ihre zum Teil überzogene Reaktion auf dieses unerhörte Aufbegehren machte sie uns nicht gerade zum Freund. Vielmehr gehörte es jetzt zum guten linken Ton, etwas gegen die Polizei zu haben und über ihre »braune Vergangenheit« die Nase zu rümpfen.

Inzwischen sind alle vernünftiger geworden. Dieses Buch zieht die großen Linien und zeigt eindrucksvoll, wie sich die Polizei, schwer verwickelt in den NS-Staat, seit 1945 gewandelt hat, wie sie dabei den sozialen und politischen Wandel spiegelt, ihn als Ausdruck einer veränderten Staatlichkeit aber auch mitproduziert. Der Führungsstil und die Umgangsformen der Polizei, die um 1966 noch an militärischen Vorbildern und Traditionen orientiert waren, sind alsbald verpönt gewesen. »Die Bullen« lernten sogar von den Langhaarigen und Bärtigen – 1972 musste das dann ein kurioser »Haarerlass« regeln.

Nicht nur im Erscheinungsbild wurden Grundlagen für eine moderne, besser ausgebildete und organisierte, nicht zuletzt bürgernähere Polizei geschaffen. »Greifkommandos« und »Einkesselungen« nach Soldatenmanier waren passé, Demonstranten wurden nicht als anonyme, »akute Masse« betrachtet, die es zur Durchsetzung staatlich verordneter Ruhe und Ordnung zu zerschlagen galt. Man suchte das Gespräch mit den Demonstranten, wollte Eskalationen vermeiden und den Dialog mit der Zivilgesellschaft fördern, resümieren die Autoren die Reformphase.

Aber werden heute Polizisten nicht von Teilen der Medien und der Gesellschaft und der Politik regelrecht aufgefordert, wieder mehr »Härte« an den Tag zu legen, und fallen sie nicht gerade wieder in diese alten Denk- und Verhaltensmuster zurück? Statt, wie es die Reformer einmal vorhatten, Polizisten im Normaleinsatz zu entwaffnen und sie auch nicht alle in Uniformen zu stecken, treten sie nun oft wie bis an die Zähne bewaffnete Soldaten auf, greifen sich Übeltäter und kesseln Demonstranten ein.

Frank Kawelovski und Sabine Mecking machen Polizeigeschichte als Gesellschaftsgeschichte verständlich und zeigen dabei, wie sich die Aufgaben vervielfacht haben – bis an die Schmerzgrenze und darüber hinaus, wie Polizei-Gewerkschafter zu Recht beklagen. Unterausstattung und Überstunden, mehr Gewalt gegen Polizisten und weniger Respekt vor ihnen sind die Begleitumstände einer Ausweitung von Einsatzbereichen, die in der frühen Bundesrepublik Deutschland höchstens in Ansätzen erkennbar waren: organisierte Mafia- und Clan-Kriminalität, Fußballgroßereignisse und Paraden aller Art, Terrordrohungen und -akte unterschiedlichster Provenienz, nicht zu vergessen die automobile Raserei und der Dauerstau. Das alles plus systematischer Kindesmissbrauch und Cyberkriminalität, nichtregistrierte Einwanderung und ethnische Konflikte (»Hooligans gegen Salafisten«) haben das staatliche Gewaltmonopol arg, manchmal überstrapaziert. Die Polizei ist der Ausputzer für soziale Anomien.

Dabei kommt es fast zwangsläufig zu schweren Ermittlungspannen, wie dem Verschwinden von Beweismaterial in einem Fall von schwerem Kindesmissbrauch, das im Februar 2019 der NRW-Innenminister Herbert Reul tief beschämt vor der Presse einräumen musste. Genau wie vor ihm sozialdemokratische Innenminister im Fall Gladbeck und der Kölner Silvesternacht für das Fehlverhalten der Polizei geradestehen mussten. Übertroffen wird das nur noch durch das Versagen sämtlicher Strafverfolgungsinstanzen im NSU-Fall, an deren Aufarbeitung aber offenbar nur einige investigative Journalisten Interesse haben. Strafvereitelung im Amt wie im Fall Lügde und auch der Münchener Skandal um nationalsozialistische Gesinnungsgruppen innerhalb einer Spezialeinheit sind keine Kleinigkeiten, doch zumindest in diesen Fällen räumt die Polizei in den eigenen Reihen auf und versucht, strukturelle Faktoren hinter individuellem Fehlverhalten zu beseitigen.

Gleichwohl beschleicht den kritischen Zeitgenossen wieder ein Zweifel, der um 1966 eher die deutsche Geschichte betraf und dann zurückgestellt wurde: Dass die Polizei womöglich nicht nur schlampig und in eine ganz falsche Richtung ermittelt hat, sondern hier und da aus Sympathie mit Rechtsradikalen ein Auge zudrückt oder gar mit ihnen gemeinsame Sache macht. Auch nach dem NSU-Komplex sind Fälle von Sympathie für neonazistische und identitäre Strömungen im Polizeiapparat wie in der Bundeswehr ruchbar geworden. Einzelfälle gewiss, aber doch alarmierend. Wenn 2018 eine deutsch-türkische Anwältin einen mit »NSU 2.0« unterzeichneten Drohbrief erhält und die persönlichen Daten, die dieses Schreiben enthielt, einem Polizeicomputer entstammen, ist das keine Lappalie; mindestens fünf Polizeibeamte waren darin verwickelt. Im Januar 2019 ging noch ein zweiter Drohbrief an die Anwältin, wieder mit »NSU

2.0« gezeichnet; es wurden Chatgruppen bekannt, in denen Polizisten Naziparolen abließen. Diese Fälle lassen sich augenscheinlich nicht auf Hessen begrenzen, wo sie eher zufällig bekannt geworden sind. Analoge Fälle rechtsextremer Uniformträger gab es in anderen Bundesländern und auch in der Bundeswehr, die zwischen 2008 und 2018 mindestens 200 Soldaten wegen einschlägiger Aktivitäten entlassen musste. Zahlreiche Soldaten und Polizisten, auch einige Zollbeamte, stehen dem »Prepper«-Milieu und den Reichsbürgern nahe, die sich auf einen Tag X vorbereiten, an dem die Multikulti-Republik endgültig ausgeknipst werden soll.

Sicherheitskräfte, die nicht gegen den rechten Aufstand tätig werden, sondern aktiver Teil davon sind? Man könnte einwenden, der Verfassungsschutz habe mit der Einstufung von AfD-Gliederungen als Prüffälle und der gesamten Partei als Verdachtsfall doch ganz klare Kante gezeigt, aber das ist die falsche Kante. Präventive Gesinnungsprüfungen haben einen nationalsozialistischen Untergrund noch nie verhindert, notwendig sind Maßnahmen des Staatsschutzes, nämlich die Ermittlung und Verfolgung politischer Gewalt und anderer Straftaten der extremen Rechten, wo immer die Gewaltschwelle überschritten wird oder Volksverhetzung vorliegt.

Habe ich gerade »Härte« gefordert? Eher, dass das staatliche Gewaltmonopol sich behauptet und allgemeine öffentliche Dienste funktionieren, denen man auch Ressourcen, Personal und Reputation entzogen hat. Vereinzelte Sympathisanten der extremen Rechten bei den Sicherheitsdiensten wären zu verkraften, nicht aber, wenn polizeiliche Erkenntnisse und Warnungen vor einem bevorstehenden Zugriff an Gruppierungen und Einzelpersonen durchgesteckt werden und die in Chatgruppen angelegten Kommunikationsnetzwerke konspirativen Charakter annehmen.

Der Polizeihistoriker Klaus Weinhauer, im vorliegenden Buch oft zitiert, äußerte jüngst in einem SZ-Interview die Sorge, die »höhere Affinität zu autoritärem Gedankengut, der Frust darüber, gesellschaftliche Mikroprobleme täglich zu erleben und doch nicht ändern zu können, und die durch die Juridifizierung der Ausbildung begünstigte Vorliebe für einfache Lösungen – all das erhöht auch die Chance, dass Polizisten rechtsradikale Ansichten haben« (27. Februar 2019). Die gleichermaßen beunruhigende wie bedenkenswerte Schlussfolgerung aus diesem Buch ist: Wenn unsere Gesellschaft derzeit autoritäre Welt- und Menschenbilder hervorbringt, ragt das zwangsläufig auch in die Polizei hinein.

ANMERKUNGEN

1 Manfred Reuter, Wesensmerkmale der Polizei in Nordrhein-Westfalen (NRW). Eine politologische Studie in historischer Perspektive, Frankfurt am Main 2008.

2 Internetauftritt der Polizei Nordrhein-Westfalen, www.polizei.nrw.de/artikel_89.html (7. November 2018).

3 Siehe hierzu unter anderem: Sabine Mecking, »Immer treu«. Kommunalbeamte zwischen Kaiserreich und Bundesrepublik, Essen 2003, S. 365. – Daniel Schmidt, Schützen und Dienen. Polizisten im Ruhrgebiet in Demokratie und Diktatur 1919–1939, Essen 2008.

4 Vgl. zum Beispiel Gerhard Paul und Klaus-Michael Mallmann (Hrsg.), Die Gestapo – Mythos und Realität, Darmstadt 1995. – Patrick Wagner, Volksgemeinschaft ohne Verbrecher. Konzeptionen und Praxis der Kriminalpolizei in der Zeit der Weimarer Republik und des Nationalsozialismus, Hamburg 1996. – Christoph Spieker und Alfons Kenkmann (Hrsg.), Im Auftrag. Polizei, Verwaltung und Verantwortung im 20. Jahrhundert, Begleitband zur Dauerausstellung, Essen 2001. – Carsten Dams, Klaus Dönecke und Thomas Köhler (Hrsg.), Dienst am Volk? Düsseldorfer Polizisten zwischen Demokratie und Diktatur, Frankfurt am Main 2007. – Carsten Dams und Michael Stolle, Die Gestapo. Herrschaft und Terror im Dritten Reich, München 2008. – Joachim Schröder, Die Münchner Polizei und der Nationalsozialismus, Essen 2013.

5 Vgl. zum Beispiel Stefan Noethen, Alte Kameraden und neue Kollegen. Polizei in Nordrhein-Westfalen 1945–1953, Essen 2003. – Klaus Weinhauer, Schutzpolizei in der Bundesrepublik. Zwischen Bürgerkrieg und Innerer Sicherheit: Die turbulenten sechziger Jahre, Paderborn u. a. 2003. – Bettina Blum, Polizistinnen im geteilten Deutschland. Geschlechterdifferenz im staatlichen Gewaltmonopol vom Kriegsende bis in die siebziger Jahre, Essen 2012. – Siehe auch: Alf Lüdtke, Herbert Reinke und Michael Sturm (Hrsg.), Polizei, Staat, Gewalt. Vergleichende Perspektiven zum 19. und 20. Jahrhundert, Wiesbaden 2011. – Carsten Dams, »Die Polizei in Deutschland 1945–1989«, in: Aus Politik und Zeitgeschichte 58, 2008, H. 48 vom 24. November 2008, S. 9–14. – Wolfgang Schulte, »Nordrhein-Westfalen«, in: Hermann Groß, Bernhard Frevel und Carsten Dams, Handbuch der Polizeien Deutschlands, Wiesbaden 2008, S. 289–316.

6 Siehe auch zur DDR: Thomas Lindenberger, Volkspolizei – Herrschaftspraxis und öffentliche Ordnung im SED-Staat 1952–1968, Köln u. a. 2003.

7 Vgl. etwa Helmut Timmermann, Die Polizei im Regierungsbezirk Arnsberg 1816–1988, Arnsberg 1989. – Wolfgang Richter, 150 Jahre Polizei in Minden – Vom Polizeidiener zum Sicherheitsmanager, Minden 1999. – Stefan Goch (Hrsg.), Städtische Gesellschaft und Polizei. Beiträge zur Sozialgeschichte der Polizei in Gelsenkirchen, Essen 2005. – Henri Schmidt, Polizei in Diktatur und Demokratie. Velberter Polizeigeschichte seit 1933, Velbert 2007. – Frank Kawelovski, »Achtung! Hier Gruga an alle!« Die Geschichte der Essener Polizei, Mülheim 2009.

8 Siehe hierzu grundlegend die Webseite »Polizeigeschichte NRW Infopool 1940er–2010er Jahre« von Frank Kawelovski, www.polizeigeschichte-infopool.de (7. November 2018).

9 Zu Bildquellen siehe: Jens Jäger, »Überlegungen zu einer historiographischen Bildanalyse«, in: Historische Zeitschrift 304 (2017), S. 655–682. – Ders., Fotografie und Geschichte, Frankfurt am Main 2009.

10 Bis Ende 1993 hieß das Magazin der Polizei »Die Streife«, seit Anfang 1994 heißt es »Streife«.

11 Die Streife, 5, 1995, hrsg. vom Innenministerium NRW, mit einem Schlagstock und Armbinde, S. 14. – Volker Zimmermann: »Sicherheit und Ordnung in der Übergangsgesellschaft. Die Schutzpolizei in Düsseldorf nach dem Zweiten Weltkrieg (1945/46)«, in: Dams/Dönecke/Köhler 2007 (wie Anm. 4), S. 335–356.

12 Vgl. Noethen 2003 (wie Anm. 5), S. 59–61. – Blum 2012 (wie Anm. 5), S. 73–76.

13 Vgl. Richtlinien der Militärregierung über die Neugestaltung der Polizei in der Britischen Zone (Military Government Instruction on the Re-organisation of the German Police System in the British Zone) vom 25. September 1945, Landesarchiv Nordrhein-Westfalen/Abteilung Rheinland, Duisburg, BR 2025 Nr. 35.

14 Jeffrey S. Richter, »›Entpolizeilichung‹ der öffentlichen Ordnung. Die Reform der Verwaltungspolizei in der britischen Besatzungszone 1945–1955«, in: Gerhard Fürmetz, Herbert Reinke und Klaus Weinhauer (Hrsg.), Nachkriegspolizei. Sicherheit und Ordnung in Ost- und Westdeutschland 1945–1969, Hamburg 2001, S. 35–50.

15 Vgl. Richtlinien der Militärregierung 1945 (wie Anm. 13).

16 Siehe hierzu auch: Noethen 2003 (wie Anm. 5), S. 129–274. – Stephan Linck, »›To exploit this product of German Genius… is surely good business‹. Zur Personalpolitik der britischen Besatzungsmacht gegenüber der deutschen Kriminalpolizei nach 1945«, in: Fürmetz/Reinke/Weinhauer 2001 (wie Anm. 14), S. 105–127.

17 Vgl. Richtlinien der Militärregierung 1945 (wie Anm. 13). – Noethen 2003 (wie Anm. 5), S. 123 f.

18 Vgl. Richtlinien der Militärregierung 1945 (wie Anm. 13).

19 Ebd.; Noethen 2003 (wie Anm. 5), S. 122.

20 Vgl. Ebd., S. 123. – Siehe auch: Richter 1999 (wie Anm. 7), S. 244; Stefan Noethen, Die Gelsenkirchener Polizei zwischen Kriegsende und Verstaatlichung 1945–1953«, in: Goch 2005 (wie Anm. 7), S. 286–315, hier: S. 299. – Siehe auch: Richtlinien der Militärregierung 1945 (wie Anm. 13).

21 Rung (ohne Vornamen), »Hochkonjunktur in Metalldiebstählen und ihre Bekämpfung«, in: Die Polizei, Februar 1949, S. 51 f., hier: S. 51.

22 Bund der Polizeibeamten des Landes Nordrhein-Westfalen, »SOS im Straßenverkehr«, in: Der Polizeibeamte, 2. Mai 1950, S. 294. – Zimmermann 2007 (wie Anm. 11), S. 335–356.

23 Die Streife, 5, 1995, Mit einem Schlagstock und Armbinde, S. 14.

24 Schulte 2008 (wie Anm. 5), S. 301.

25 Dams 2008 (wie Anm. 5), S. 10 f. – Siehe weiter: Josef Foschepoth, Verfassungswidrig! Das KPD-Verbot im Kalten Bürgerkrieg, Göttingen 2017.

26 Siehe hierzu exemplarisch die drei Dienstbiografien der Bielefelder Schutzpolizisten in Weinhauer 2003 (wie Anm. 5), S. 146–166.

27 Vgl. Dams 2008 (wie Anm. 5), S. 11 f.

28 Vgl. Horst Romeyk, Kleine Verwaltungsgeschichte Nordrhein-Westfalens, Veröffentlichungen der Staatlichen Archive, Reihe C, Bd. 25, S. 83 ff.

29 Schulte 2008 (wie Anm. 5), S. 294.

30 Wolfgang Buschfort, Geheime Hüter der Verfassung. Von der Düsseldorfer Informationsstelle zum ersten Verfassungsschutz der Bundesrepublik (1947–1961), Paderborn u. a. 2004. – 50 Jahre Verfassungsschutz und politischer Extremismus in Nordrhein-Westfalen, hrsg. vom Innenministerium des Landes Nordrhein-Westfalen, Düsseldorf August 1999, www.mik.nrw.de/fileadmin/user_upload/Redakteure/Verfassungsschutz/Dokumente/50Jahre.pdf (7. November 2018).

31 Vgl. Noethen 2003 (wie Anm. 5), S. 123.

32 Vgl. Ebd., S. 525.

33 Die Polizeidichte gibt das Verhältnis von Einwohnerzahl zu Polizeibeamten an. Schulte 2008 (wie Anm. 5), S. 301.

34 Frank Kawelovski, Polizeigeschichte NRW 50er Jahre, www.polizeigeschichte-infopool.de/chronik-polizeigeschichte-nrw/50er-jahre (25. Oktober 2018).

35 Weinhauer 2003 (wie Anm. 5), S. 182.

36 Schulte 2008 (wie Anm. 5), S. 305. – Weinhauer 2003 (wie Anm. 5), S. 168–210.

37 Schulte 2008 (wie Anm. 5), S. 305.

38 Runderlass des Innenministers, Formen des Schriftverkehrs mit der Bevölkerung, vom 21. Juli 1958 (SMBl. NW 20020). – Polizeipräsidium Mülheim an der Ruhr, Anschreiben an alle Behörden und Einrichtungen des Landes vom 18. Oktober 1963 unter Bezug auf das Ministerialblatt vom 9. Oktober 1963, Nr. 128.

39 Westdeutsche Allgemeine Zeitung vom 18. September 1956, zit. nach: Werner Lindner, Jugendprotest seit den fünfziger Jahren. Dissens und kultureller Eigensinn, Opladen 1996, S. 25.

40 Günther Kaiser, Randalierende Jugend. Eine soziologische und kriminologische Studie über sogenannte »Halbstarke«, Heidelberg 1959, S. 107. – Lindner 1996 (wie Anm. 39), S. 25. – Für die 1960er-Jahre siehe auch: Gerhard Fürmetz (Hrsg.), »Schwabinger Krawalle«. Protest, Polizei und Öffentlichkeit zu Beginn der 60er Jahre, Essen 2006. – Detlef Siegfried, Time is on my Side. Konsum und Politik in der westdeutschen Jugendkultur der 60er Jahre, Göttingen 2006.

41 Alfons Kenkmann, »Philipp Müller. Vom Friedensdemonstranten West zum Widerstandshelden Ost«, in: Geschichte im Westen, 33, 2018, S. 91–115.

42 Gewerkschaft der Polizei, »Unfall- und Deliktsentwicklung«, in: Deutsche Polizei, 7, 1959, S. 208 f., hier: S. 209.

43 Rudolf Bogs, »Die Motorisierung des Streifendienstes«, in: Herbert Kalicinski und Hermann Knoche, Die Polizei und ihre Aufgaben, Essen 1957, S. 63–73.

44 Bogs 1957 (wie Anm. 43). – Weinhauer 2003 (wie Anm. 5), S. 223–250.

45 Die Streife, 11, 1992. In der Streife vom Mai 1962 stand: »Patrouille in Weiß: schnell und höflich«, S. 12.

46 Siehe Kawelovski (wie Anm. 34).

47 Heinz-Gerhard Haupt und Jörg Requate (Hrsg.), Aufbruch in die Zukunft. Die 1960er Jahre zwischen Planungseuphorie und kulturellem Wandel. DDR, CSSR und Bundesrepublik Deutschland im internationalen Vergleich, Weilerswist 2004. – Hans Günter Hockerts (Hrsg.), Bundesrepublik Deutschland 1966–1974. Eine Zeit vielfältigen Aufbruchs, Baden-Baden 2006.

48 Vgl. Norbert Frei, 1968. Jugendrevolte und globaler Protest, München 2008. – Christina von Hodenberg und Detlef Siegfried (Hrsg.), Wo »1968« liegt, Göttingen 2006. – Wolfgang Kraushaar, 1968 als Mythos, Chiffre und Zäsur, Hamburg 2000. – Der gesellschaftsgeschichtliche Ort der »68er«-Bewegung, Westfälische Forschungen, 48, 1998, Schwerpunktband, bearb. v. Franz-Werner Kersting.

49 Hans-Weinrich Bass, »Verkehrspolitik unter dem Druck der Straße. Die Dortmunder Fahrpreisunruhen von 1971«, in: Werkstatt Geschichte, 2012, H. 61, S. 49–64. – Anna Christina Berlit, Notstandskampagne und Rote-Punkt-Aktion. Die Studentenbewegung in Hannover 1967–1969, Bielefeld 2007, S. 125–143. – Zum neuen Protestverhalten in der Gesellschaft siehe weiter: Sabine Mecking, Bürgerwille und Gebietsreform. Demokratieentwicklung und Neuordnung von Staat und Gesellschaft in Nordrhein-Westfalen 1965–2000, München 2012, hier: S. 1–34, 133–219.

50 Weinhauer 2003 (wie Anm. 5), S. 19. – Thomas Kleinknecht und Michael Sturm, »›Demonstrationen sind punktuelle Plebiszite‹. Polizeireform und gesellschaftliche Demokratisierung von den Sechziger- zu den Achtzigerjahren«, in: Archiv für Sozialgeschichte, 44, 2004, S. 181–218.

51 Weinhauer 2003 (wie Anm. 5), S. 85.

52 Jürgen Bartsch starb 1976 im Zuge seiner Kastrationsoperation. Vgl. Rosemary Callmann, »Was geschah mit Jürgen Bartsch?«, in: Die Zeit vom 7. Mai 1976, einzusehen auf Zeit Online, www.zeit.de/1976/20/was-geschah-mit-juergen-bartsch (7. November 2018).

53 Heinz Sprenger, Der wahre Schimanski. Meine spektakulärsten Fälle als Duisburger Chefermittler, München 2017, S. 21–25.

54 Stadtarchiv Duisburg, Amtliches Verkündungsblatt 25. Mai 1965, Nr. 27/6435.

55 Vgl. Eckard Michels, Schahbesuch 1967. Fanal für die Studentenbewegung, Berlin 2017. – Carsten Dams, »Polizei, Protest und Pop. Staatliche Ordnungsmacht und gesellschaftliches Aufbegehren in der Popularmusik seit 1970«, in: Sabine Mecking und Yvonne Wasserloos (Hrsg.), Musik – Macht – Staat. Kulturelle, soziale und politische Wandlungsprozesse in der Moderne, Göttingen 2012, S. 303–318, hier S. 304 ff.

56 Weinhauer 2003 (wie Anm. 5), S. 131–141.

57 Ebd., S. 136 f.

58 Vgl. Michael Okroy, »›Nach 26 Jahren nun Mammutprozess gegen Polizisten‹. Die justitielle Aufarbeitung von NS-Verbrechen der Ordnungspolizei am Beispiel der Wuppertaler Bialystok-Verfahren«, in: Jan Erik Schulte (Hrsg.), Die SS, Himmler und die Wewelsburg, Paderborn 2009, S. 449–470. – Das Polizeipräsidium Wuppertal. Geschichtsort zu Diktatur und Demokratie, hrsg. vom Trägerverein Begegnungsstätte Alte Synagoge Wuppertal e.V., Düsseldorf/Wuppertal 2010, http://docplayer.org/22348420-Das-polizeipraesidium-in-wuppertal-geschichtsort-zu-diktatur-und-demokratie.html (13.11.2018). – Siehe auch: Christoph Spieker, Traditionsarbeit. Eine biografische Studie über Prägung, Verantwortung und Wirkung des Polizeioffiziers Bernhard Heinrich Lankenau 1891–1983, Essen 2015, S. 369–374. – Stefan Klemp, Nicht ermittelt. Polizeibataillone und die Nachkriegsjustiz. Ein Handbuch, 2. Aufl., Essen 2011.

59 Weinhauer 2003 (wie Anm. 5), S. 189 f.

60 Schulte 2008 (wie Anm. 5), S. 292. – Dams 2008 (wie Anm. 5), S. 13, Weinhauer 2003 (wie Anm. 5), S. 102–116.

61 Lehrpläne für die Ausbildung der Polizei des Landes Nordrhein-Westfalen 1963, zit. nach: ebd., S. 180–185.

62 Schulte 2008 (wie Anm. 5), S. 301.

63 Ebd., S. 292 f.

64 Dams 2008 (wie Anm. 5), S. 13.

65 Ebd. (Zitat). – Reinhard Mokros, 1976: »Beginn einer neuen Ära der Polizeiausbildung«, in: Polizei, Studium, Praxis, 6, 2016, H. 4, S. 42–47.

66 Schulte 2008 (wie Anm. 5), S. 305.

67 Mokros 2016 (wie Anm. 65), S. 46.

68 Siehe auch: Weinhauer 2003 (wie Anm. 5), S. 274–277.

69 Klaus Weinhauer, »›Freund und Helfer‹ an der ›Front‹: Patriarchen, Modernisierer und Gruppenkohäsion in der westdeutschen Schutzpolizei von Mitte der 1950er bis in die frühen 1970er Jahre«, in: Matthias Frese, Julia Paulus und Karl Teppe (Hrsg.), Demokratisierung und gesellschaftlicher Aufbruch. Die sechziger Jahre als Wendezeit der Bundesrepublik, Paderborn 2005, S. 549–573.

70 »Gericht bestätigt: Modischer Haarschnitt doch nicht über den Mantel- oder Rockkragen«, in: Die Streife, 10, 1973, S. 2. – Siehe auch: »Praktische Erfahrungen im Umgang mit jüngsten Beamten«, in: Die Streife, 9, 1971, S. 5 ff., hier: S. 6 f.

71 »Befehl und Gehorsam – das geht nicht mehr«, in: Der Spiegel, Nr. 6 vom 5. März 1973, S. 38–57, bes. S. 50.

72 Stephan Scheiper, Innere Sicherheit. Politische Anti-Terror-Konzepte in der Bundesrepublik Deutschland während der 1970er Jahre, Paderborn 2010.

73 Dams 2008 (wie Anm. 5), S. 13 f. – Streife, 43, 2004, Sonderausgabe: Spezialeinheiten, S. 15. – Schulte 2008 (wie Anm. 5), S. 294, 296, 298.

74 Michael Sontheimer, Natürlich kann geschossen werden. Eine kurze Geschichte der Roten Armee Fraktion, München 2010. – Wolfgang Kraushaar (Hrsg.), Die RAF und der linke Terrorismus, 2 Bde., Hamburg 2006; Klaus Weinhauer, Jörg

Requate und Heinz-Gerhard Haupt (Hrsg.), Terrorismus in der Bundesrepublik. Medien, Staat und Subkulturen in den 1970er Jahren, Frankfurt am Main 2006.

75 Klaus Weinhauer, Terrorismus in der Bundesrepublik der Siebziger Jahre. Aspekte einer Sozial- und Kulturgeschichte der Inneren Sicherheit, Archiv für Sozialgeschichte 44, 2004, S. 219–242. – »Terroristen: Etwas läuft«, in: Der Spiegel, Nr. 37 vom 10. September 1979, www.spiegel.de/spiegel/print/d-39909454.html (6. November 2018). – Webseite der Stadt Düsseldorf, www.duesseldorf.de/stadtarchiv/stadtgeschichte/chronik/duesseldorfer-stadtchronik-1978.html (7. November 2018).

76 Dams 2008 (wie Anm. 5), S. 14. – Klaus Weinhauer, »Zwischen ›Partisanenkampf‹ und ›Kommissar Computer‹. Polizei und Linksterrorismus in der Bundesrepublik bis Anfang der 1980er Jahre«, in: Weinhauer/Requate/Haupt 2006 (wie Anm. 74), S. 244–270.

77 Schulte 2008 (wie Anm. 5), S. 297.

78 Andreas Kühn, »Kalkar 1977. Anti-Atomkraft-Bewegung und Polizei im Wandel«, in: Geschichte im Westen, 22, 2007, S. 269–289.

79 In anderen Bundesländern stieg das Planstellensoll in diesem Zeitraum um mehr als 40 Prozent. Schulte 2008 (wie Anm. 5), S. 297.

80 »Jeder 4. Polizeibeamte in NRW hat Englischkenntnisse«, in: Die Streife, 2, 1971, S. 9.

81 Schulte 2008 (wie Anm. 5), S. 297, 301.

82 Gerhard Brunn und Jürgen Reulecke, Kleine Geschichte von Nordrhein-Westfalen 1946–1996, Köln u. a. 1996, S. 196.

83 Maria Wego, Die Geschichte des Landeskriminalamtes Nordrhein-Westfalen, Hilden 1994, S. 185.

84 Schulte 2008 (wie Anm. 5), S. 301.

85 Institut der Aus- und Fortbildung der Polizei NRW (Hrsg.), Das Institut für Aus- und Fortbildung der Polizei Nordrhein-Westfalen vom Gestern zum Heute ... – Eine Chronik der Jahrzehnte, Selm 2005, S. 8.

86 Alfons Kenkmann und Christoph Spieker (Hrsg.), 100 Jahre Frauen in der deutschen Polizei. Dokumentation eines Symposiums im Geschichtsort Villa ten Hompel, Münster 2004. – Rita Wirrer, »›Weibliche‹ Identitätssuche in einer ›männlichen‹ Organisation: Der lange Weg zur Gleichberechtigung von Frauen und Männern in der Polizei«, in: Polizei-führungsakademie (Hrsg.), Frauen in der Polizei (= Schriftenreihe der Polizei-Führungsakademie 2, 2002), Dresden 2002, S. 7–41, hier: S. 7. – Kea Tielemann, »Frauen in der Schutzpolizei«, in: Bürgerrechte & Polizei/CILIP, Nr. 46, 1993, www.cilip.de/1993/12/24/frauen-in-der-schutzpolizei/ (5. November 2018). – Alfons Kenkmann, »Vom Ordnungshüter zum Ordnungspartner – Ein Streifzug durch die Polizei im 20. Jahrhundert«, in: Stefan Goch (Hrsg.), Städtische Gesellschaft und Polizei – Beiträge zur Sozialgeschichte der Polizei in Gelsenkirchen, Essen 2005, S. 36–52, hier: S. 50.

87 Neues Polizeiorganisationsgesetz, in: Die Streife, 2, 1982, S. 3–6, hier: S. 6.

88 Die Streife, 1982, Sonderausgabe: Spezialeinheiten, S. 15.

89 »Die Geschichte«, in: Wego 1994 (wie Anm. 83), S. 176.

90 Ebd., S. 123 f.

91 Polizei-Führungsakademie (Hrsg.), DV-Technik für Führung und Einsatz. Schlussbericht des Seminars »DV-Technik für Führung und Einsatz«, Münster 1987, S. 146, 165.

92 Georg Wiesel, »Möglichkeiten und Probleme der maschinellen Informationsverarbeitung (DV) zur Vereinfachung und Beschleunigung von Informationsflüssen«, in: Polizei-Führungsakademie (Hrsg.), Führung in der Polizei – Information und Kommunikation, 2. Aufl., Münster 1983, S. 93–126, hier: S. 107.

93 Institut 2005 (wie Anm. 85), S. 37.

94 Siehe hierzu auch: Hans-Jürgen Honsa, Alkohol- und Drogenmissbrauch im öffentlichen Dienst. Ursachen – Auswirkungen – Bekämpfungsstrategien, 2. Aufl., Berlin 2005.

95 Stand 1983. – Siehe hierzu: Andreas Buro, »Friedensbewegung«, in: Roland Roth und Dieter Rucht (Hrsg.), Die sozialen Bewegungen in Deutschland seit 1945. Ein Handbuch, Frankfurt am Main 2008, S. 267–291. – Schulte 2008 (wie Anm. 5), S. 293.

96 Siehe weiter: Buro 2008 (wie Anm. 95), S. 267–291. – Der Kalte Krieg in der Region, Geschichte im Westen, 33, 2018, Themenheft.

97 »Polizisten werden für Herbst-Demos geschult«, in: Westdeutsche Allgemeine Zeitung vom 13. September 1983.

98 Otto Diederichs, Polizei, Hamburg 2000, S. 47. – Gerd Heise, Polizeigesetz Nordrhein-Westfalen, 2. Aufl., Stuttgart u. a. 1980, S. 7 f.

99 Heiko Artkämper, Hausbesetzer, Hausbesitzer, Hausfriedensbruch, Berlin u. a. 1995. – Sebastian Haumann, »Hausbesetzungen 1980–1982 in Hilden. Möglichkeiten der Mikroforschung für die Protestgeschichte«, in: Mitteilungsblatt des Instituts für soziale Bewegungen, 34, 2005, S. 155–172.

100 Rainer Bartel, »Damals: EM 1988 – Die Hooligan-Schlacht in Düsseldorf«, in: the düsseldorfer (td) vom 15. Juni 2016, http://the-duesseldorfer.de/damals-em-1988-die-hooligan-schlachten-in-duesseldorf/ (15. Oktober 2017).

101 Peter Griesch, »Waffen- und Gerätewesen im Polizeipräsidium Gelsenkirchen«, in: Goch 2005 (wie Anm. 86), S. 370–382, hier: S. 376.

102 Deutscher Verkehrssicherheitsrat: Sicherheitsgurt seit 35 Jahren lebensrettend, www.dvr.de/aktuelles/sonst/2345.htm?qu=Gurtpflicht (7. November 2018).

103 Bodo Harenberg (Hrsg.), Chronik des Ruhrgebiets, Dortmund 1987, S. 617 (Höchste Smog-Alarmstufe im Revier). – »Der Papst in Nordrhein-Westfalen – Stationen eines Besuches«, in: Die Streife, 6, 1987, S. 2 ff., hier: S. 2. – Deutsche Polizei, 1987, H. 12, S. 25.

104 Griesch 2005 (wie Anm. 101), S. 371.

105 »Besser Pastor. Ist die Polizei schuld daran, daß die entführte Schülerin Nina von Gallwitz 149 Tage lang gefangengehalten wurde?«, in: Der Spiegel vom 24. Mai 1982, www.spiegel.de/spiegel/print/d-14336460.html (7. November 2018).

106 Steffen Burkhardt, »Das Geiseldrama von Gladbeck. Mediale Komplizenschaft als Echtzeitkrimi«, in: Gerhard Paul (Hrsg.), Das Jahrhundert der Bilder, Bd. 2, Sonderausgabe, Bonn 2008, S. 550–557. – Schulte 2008 (wie Anm. 5), S. 298.

107 § 4 Kriminalhauptstellenverordnung NRW.

108 »Polizeilicher Schusswaffengebrauch 1976–1982«, in: Bürgerrecht und Polizei/CILIP, 1, 1983, S. 78. – »Anhaltesysteme – GdP-Erfolg optisch sichtbar«, in: Deutsche Polizei, 11, 1987, S. 25.

109 Bundeszentrale für politische Bildung, Zahlen und Fakten. Die soziale Situation in Deutschland – Ausländische Bevölkerung, 28. November 2012, www.bpb.de/wissen/H4V0P3,0,Ausl%E4ndische_Bev%F6lkerung.html (7. November 2018).

110 Focus Migration – Deutschland, hrsg. vom Hamburgischen Weltwirtschaftsinstitut, Mai 2007, S. 4. – Siehe auch: Dieter Gosewinkel, Schutz und Freiheit? Staatsbürgerschaft in Europa im 20. und 21. Jahrhundert, Berlin 2016. – Karl-Heinz Meier-Braun und Reinhold Weber (Hrsg.), Deutschland Einwanderungsland. Begriffe – Fakten – Kontroversen, Stuttgart 2013.

111 Die Präsidentin des Landes Nordrhein-Westfalen (Hrsg.), 60 Jahre Landtag Nordrhein-Westfalen. Das Land und seine Abgeordneten, Düsseldorf 2006, S. 172 f., 219, 389, 568.

112 Udo Behrendes, »Wesentliche Entwicklungsschritte der Länderpolizeien der Bundesrepublik Deutschland«, in: Polizei & Wissenschaft, 2013, H. 3, S. 5–17, hier: S. 14. – »Angehörige ethnischer Minderheiten bei der Polizei des Landes Nord-

rhein-Westfalen«, in: Streife, 9, 1997, S. 5. – Polizei-Führungsakademie (Hrsg.), Polizei und ethnische Minderheiten – ethnische Minderheiten in der Polizei, Lübeck 1995, S. 24.

113 Manfred Murck, »Tabubruch, Nestbeschmutzung oder Persilschein?«, in: Streife, 3, 1996, S. 6–9, hier S. 6 f. – Michael Blanke und Peter Bollin, »Polizei und Gastarbeiter«, in: Reinhold Korbmacher und Peter Nähle (Hrsg.), Polizei und Minderheiten. Empirische Seminararbeiten, Gelsenkirchen 1992, S. 203–246, hier: S. 232, 237–240.

114 Klaus-Michael Bogdal, Europa erfindet die Zigeuner. Eine Geschichte von Faszination und Verachtung, Bonn 2011. – Heribert Adam, »Fremdenfeindlichkeit, Einwanderungspolitik und Multikulturalismus in Kanada und Deutschland«, in: Leviathan – Zeitschrift für Sozialwissenschaft, 1994, H. 1, S. 60–77. – Michael Zimmermann, »Ausgrenzung, Ermordung, Ausgrenzung. Normalität und Exzeß in der polizeilichen Zigeunerverfolgung in Deutschland (1870–1980)«, in: Alf Lüdtke (Hrsg.), »Sicherheit« und »Wohlfahrt« im 19. und 20. Jahrhundert, Frankfurt am Main 1992, S. 344–370. – Jürgen Häusler, Karsten Kreutzer und Frank Nowosatka, »Polizei und Sinti und Roma«, in: Korbmacher/Nähle 1992 (wie Anm. 113), S. 47–96, hier: S. 62; Wolfgang Feuerhelm, Polizei und »Zigeuner«. Strategien, Handlungsmuster und Alltagstheorien im polizeilichen Umgang mit Sinti und Roma, Stuttgart 1987.

115 Christoph Tappe, »Auslandsverwendung bei der Polizei NRW«, in: Polizei Info Report, 47, 2006, H. 6, S. 29. – Streife, 2004, Sonderausgabe: Auslandseinsätze, S. 6. – »Auf Streife in Mostar«, in: Streife, 10, 1994, S. 6 f.

116 »Zusammenwachsen durch Zusammenarbeit – Austausch- und Hospitationsprogramm zwischen Brandenburg und Nordrhein-Westfalen«, in: Die Streife, 5, 1993, S. 3 f.

117 Kai Renken und Werner Jenke, »Wirtschaftskriminalität im Einigungsprozess«, in: Aus Politik und Zeitgeschichte, 51, 2001, H. 32/33, S. 23. – »Wider dem Vergessen – Zentrale Ermittlungsstelle Regierungs- und Vereinigungskriminalität in Berlin«, in: Streife, 3, 1995, S. 16 ff.

118 Wilhelm Knelangen, »Europäisierung und Globalisierung der Polizei«, in: Aus Politik und Zeitgeschichte, 58, 2008, H. 48, S. 33–38, www.bpb.de/apuz/30831/europaeisierung-und-globalisierung-der-polizei (7. November 2018). – Hein Hoebink, »Polizeiliche und justizielle Zusammenarbeit von Nordrhein-Westfalen, Belgien und den Niederlanden«, in: Geschichte im Westen, 30, 2015, S. 63–84. – Andrea Böhm, Chronologie, in: Bürgerrechte & Polizei/CILIP, 64, Nr. 3, 1999, S. 89–97, hier: S. 89. – »Schengen bald in Kraft gesetzt«, in: Streife, 1/2, 1995, S. 9.

119 »Investitionen stiegen auf Rekordhöhe«, in: Streife, 4, 1998, S. 15. – »Gut Ding will auch Weile haben«, in: Streife, 11, 1995, S. 4 f.

120 »Abschied von den Dinosauriern«, in: Streife, 12, 1995, S. 9 ff.

121 »Größer, schneller und genauer – Einführung eines Fingerabdruckidentifizierungssystems (AFIS)«, in: Die Streife, 3, 1993, S. 11. – Norbert Pütter, Chronologie, in: Bürgerrechte & Polizei/CILIP, 60, Nr. 2, 1998, S. 80–84, hier: S. 84. – Siehe auch: Michael Bäuerle, »Polizeirecht in Deutschland«, in: Aus Politik und Zeitgeschichte, 58, 2008, H. 48, S. 15–20, hier: S. 17 ff.

122 Bundeszentrale für politische Bildung, 25 Jahre Brandanschlag in Solingen, http://www.bpb.de/politik/hintergrund-aktuell/161980/brandanschlag-in-solingen (24. November 2018). – Metin Gür und Alaverdi Turhan, Die Solingen-Akte, Düsseldorf 1996.

123 Sontheimer 2006 (wie Anm. 74). – Kraushaar 2006 (wie Anm. 74).

124 Landtag intern, 23, 1992, H. 12 vom 30. Juni 1992, S. 4, 23. – »Funktionsbewertung der Schutzpolizei: ›Kienbaumstudie‹ Innenminister Schnoor übergeben«, in: Die Streife, 7/8, 1991, S. 7 f.

125 »Start zur Neuorganisation«, in: Die Streife, 3, 1992, S. 3–9, hier: S. 3.

126 Streife, 1996, Sonderausgabe: Neues Steuerungsmodell, S. 17. – Deutsche Polizei, 11, 1997, dp spezial: Neue Steuerungsmodelle in der Polizei. – »Dezentrale Ressourcenverantwortung – Für VL und GS eine neue Herausforderung«, in: Streife, 6, 1996, S. 15 ff.

127 Hans-Jürgen Lange und Jean-Claude Schenck, »Das neue Steuerungsmodell und die Probleme der Akzeptanz«, in: Arbeitspapiere der Forschungsgruppe polikon Duisburg/Marburg, Nr. 4, 2001, S. 4. – Innenministerium des Landes NRW, »Neues Steuerungsmodell«, in: Streife, November 1996, Sonderausgabe.

128 Maria Wego, »Abgebrüht und cool in der Elitetruppe?«, in: Streife, 3, 1996, S. 10 f. – »Das Führungskräftetraining in Nordrhein-Westfalen (FKT) – ›Wie können die Gemeinschaften gedeihen?‹«, in: Die Streife, 5, 1992, S. 14 f.

129 »20 Jahre ›PSU-Team Polizei Nordrhein-Westfalen‹«, in: Streife, 1, 2015, S. 20 ff. – Institut 2005 (wie Anm. 85), S. 9.

130 »PP Köln bietet Hilfe an«, in: Streife, 5, 1997, S. 19. – Siehe auch: Wolfgang Blischke, Polizei und Homosexualität. Dokumentation der Fachtagung Polizei + Homosexualität am 16./17. Dezember 1999 in Bonn, Köln 2000, www.lsvd.de/bund/polizei/index.html (7. November 2018). – Gottfried Lorenz und Ulf Bollmann, Liberales Hamburg? Homosexuellenverfolgung durch Polizei und Justiz nach 1945, Begleitband zu der gleichnamigen Ausstellung in der Grundbuchhalle des Hamburger Justizforums, Hamburg 2013.

131 Schulte 2008 (wie Anm. 5), S. 301.

132 Andrea Böhm, Chronologie, in: Bürgerrecht & Polizei/CILIP, 65, Nr. 1, 2000, S. 93–99, hier: S. 93.

133 Polizeiliche Kriminalstatistik 1995 – Bundesrepublik Deutschland, hrsg. vom Bundeskriminalamt, Wiesbaden 1996, S. 184.

134 »Der Flughafenbrand von 11. April 1996 – Chronik des Infernos«, in: RP Online vom 10. April 2006, www.rp-online.de/nrw/staedte/duesseldorf/chronik-des-infernos-aid-1.1112347 (7. November 2018).

135 Jan Wörlein, Chronologie, in: Bürgerrechte & Polizei/CILIP, 88, Nr. 3, 2007, S. 87.

136 »Vereitelte Terroranschläge in Deutschland«, in: RP Online, o. D., www.rp-online.de/politik/deutschland/vereitelte-terroranschlaege-in-deutschland-bid-1.2101505 (7. November 2018).

137 Die Zahl der Wohnungseinbruchdiebstähle ist zwischen 2006 und 2009 bundesweit von 106 000 auf 114 000 Fälle angestiegen. Dieser Anstieg hat sich in den folgenden Jahren tendenziell weiter verstärkt. Bundeskriminalamt (Hrsg.), Polizeiliche Kriminalstatistik 2016. Zeitreihen Übersicht Falltabellen, Tab. 1, Übersicht zu Deliktschlüsselnummer, Wiesbaden 2016, unpag., www.bka.de/DE/AktuelleInformationen/StatistikenLagebilder/PolizeilicheKriminalstatistik/PKS2016/Zeitreihen/zeitreihenFaelle.html?nn=65720 (7. November 2018). – Siehe weiter: Stefan Kersting und Julia Kiefert, »Wer sind die Täter beim Wohnungseinbruch? Eine hypothesenprüfende Analyse zur Tat- und Tatverdächtigenstruktur«, in: Kriminalistik, 67, 2013, H. 2, S. 81–85.

138 Wilhelm Knelangen, »Europäisierung und Globalisierung der Polizei«, in: Aus Politik und Zeitgeschichte, 58, 2008, H. 48, S. 33-38. – Europäische Union, Europäisches Polizeiamt (Europol), europa.eu/european-union/about-eu/agencies/europol_de (22. August 2017). Zu den polizeilichen Sicherheits- und Koordinierungsmaßnahmen auf Bundesebene siehe: Martin H. W. Möllers und Robert Chr. van Ooyen, »Bundeskriminalamt, Bundespolizei und ›neue‹ Sicherheit«, in: Aus Politik und Zeitgeschichte, 58, 2008, H. 48, S. 26–32.

139 Hoebink 2015 (wie Anm. 118), S. 63–84. – »Eröffnung des ›Euregionalen-Polizei-Informations-Cooperations-Centers‹ am 7.11.2005 in Heerlen«, in: Streife, 12, 2005, S. 11 ff. – Innenministerium des Landes NRW, »Grenzenlose Sicherheit?! Deutsch-Niederländischer Vertrag ist in Kraft getreten – Zusammenarbeit der Polizeien hat neue Dimension«, in: Streife, 7/8, 2006, S. 4–6.

140 Das Bundesland hatte nun 18 Millionen Einwohner, die Polizeidichte belief sich auf 427. Landtag Nordrhein-Westfalen (Hrsg.), Die Landesregierungen Nordrhein-Westfalen seit 1946 – Die Kabinette und ihre Mitglieder, Stand 11. März 2010, Düsseldorf 2010, S. 35, 37, 40. – Präsidentin des Landtages NRW 2006 (wie Anm. 111).

141 Institut 2005 (wie Anm. 85), S. 11, 48. – Siehe auch: Gerda Tomaszewski, »Der letzte Jahrgang im mittleren Dienst ausgebildet«, in: Streife, 6, 2004, S. 32 f.

142 Sibylle Raudies, »Duales Studium. Die Fachhochschule für öffentliche Verwaltung wird 40 Jahre«, in: WAZ vom 1. November 2016, https://www.waz.de/staedte/gelsenkirchen/die-fachhochschule-oeffentliche-verwaltung-wird-40-jahre-id12323134.html (27. November 2018). – Webseite der Fachhochschule für öffentliche Verwaltung Nordrhein-Westfalen, https://www.fhoev.nrw.de (27. November 2018).

143 Klaus Neidhardt, »Die Gründung der Deutschen Hochschule der Polizei«, in: Homeland Security, 3, 2008, S. 39. – Gesetz über die Deutsche Hochschule der Polizei (DHPolG) und zur Änderung dienstrechtlicher Vorschriften vom 15.2.2005, www.dhpol.de/de/medien/downloads/dhpolg.pdf (7. November 2018).

144 Innenministerium des Landes Nordrhein-Westfalen (Hrsg.), Häusliche Gewalt und polizeiliches Handeln, Düsseldorf 2002.

145 »Angst als ständiger Begleiter – Schulung zum Thema ›Stalking‹«, in: Streife, 10, 2007, S. 9.

146 Wolfgang Gatzke und Detlef Averdiek-Gröner, Häusliche Gewalt, Hilden 2016, S. 11 f.

147 Polizeiautos.de e.V.: VW Passat (B5GP) Variant 1,9 TDI, www.polizeiautos.de/show_one.php?id=974. – Sowie: Polizeiautos.de e.V.: VW Passat (B6) Variant 2,0 TDI, www.polizeiautos.de/show_one.php?id=4587 (beide jeweils 7. November 2018).

148 Streife, Jg. 48, 2008, Sonderausgabe: Einführung der blauen Uniform, S. 13.

149 »60 Jahre Bundesrepublik – Chronik der Republik«, in: Focus Online/Fokus Magazin, Nr. 14, 2009, www.focus.de/magazin/archiv/60-jahre-bundesrepublik-chronik-der-republik_aid_385075.html (7. November 2018).

150 Alexander Kresta, »Wuppertaler Polizei beschlagnahmte Rekordmenge Rohopium«, in: Streife, 3, 2004, S. 18. – Alfred Becker, Chronologie, in: Bürgerrechte & Polizei, CILIP, 78, Nr. 2, 2004, S. 97.

151 »NRW feiert mit beim Weltjugendtag 2005«, in: Streife, 9, 2005, S. 18–23.

152 Sportland Nordrhein-Westfalen, www.sportland.nrw.de/index.php?id=341 (7. November 2018).

153 »NRW-Engagement beim G8-Gipfel«, in: Streife, 4, 2007, S. 14.

154 »Dreifacher Polizistenmord. Tatverdächtiger tot aufgefunden«, in: Spiegel Online vom 14. Juni 2000, www.spiegel.de/panorama/dreifacher-polizistenmord-tatverdaechtiger-tot-aufgefunden-a-80849.html (7. November 2018).

155 Michael Schwelien, »Das Düsseldorfer Attentat«, in: Die Zeit vom 9. November 2000, www.zeit.de/2000/46/Das_Duesseldorfer_Attentat (7. November 2018). – »Explosion am S-Bahnhof. Zehn Jahre nach dem Wehrhahn-Anschlag«, in: RP Online vom 28. Juli 2010, www.rp-online.de/nrw/staedte/duesseldorf/zehn-jahre-nach-dem-wehrhahn-anschlag-aid-1.1144615 (7. November 2018).

156 Johannes Radke, Der »Nationalsozialistische Untergrund« (NSU), 16. Oktober 2013, www.bpb.de/politik/extremismus/rechtsextremismus/167684/der-nationalsozialistische-untergrund-nsu (7. November 2018). – Juliane Karakayalı, Çağrı Kahveci, Doris Liebscher und Carl Melchers (Hrsg.), Den NSU-Komplex analysieren. Aktuelle Perspektiven aus der Wissenschaft, Berlin 2017. – Stefan Aust und Dirk Laabs, Heimatschutz. Der Staat und die Mordserie des NSU, München 2016.

157 Stadt Emsdetten, Amoklauf von Emsdetten jährt sich erstmals, 19. November 2007, www.emsdetten.de/rathaus-buerger-service-politik/rathaus-verwaltung/2007-11-22/amoklauf-von-emsdetten-jaehrt-sich- erstmals.html (7. November 2018). – »Emsdetten. Allmächtiger Versager«, in: Focus Online vom 9. Dezember 2006, www.focus.de/panorama/jahresrueckblick/topthemen/emsdetten/emsdetten_aid_120196.html (7. November 2018).

158 Jan Wörlein, Chronologie, in: Bürgerrechte & Polizei, CILIP, 89, Nr. 1, 2008, S. 87. – Außerdem Ders., Chronologie, Bürgerrechte & Polizei, CILIP, 87, Nr. 2, 2007, S. 89.

159 Siehe hierzu: Sprenger 2017 (wie Anm. 53), S. 9–16, 63–79, 151–171.

160 »Polizisten verlieren ihren Job«, in: Frankfurter Rundschau vom 15. Juli 2004, www.rundschau-online.de/polizisten-verlieren-ihren-job-11039916 (20. Januar 2019).

161 »Kölner Archiv stürzte ein – Spürhunde im Einsatz«, in: Westdeutsche Allgemeine Zeitung vom 4. März 2009.

162 »Verkehrsunfallstatistik 2003«, in: Streife, 4, 2004, S. 12 ff.

163 Landesregierung NRW (Hrsg.), Wir in NRW. Das Landesportal – Landeskabinett, www.land.nrw/de/landesregierung/landeskabinett (7. November 2018). – Ralf Jäger, Über mich, ralf-jaeger.de/ueber-mich/ (15. August 2016). – Die Landeswahlleiterin des Landes Nordrhein-Westfalen: Landtagswahl 2010. – Endgültige Ergebnisse in Nordrhein-Westfalen, H. 3, S. 9, webshop.it.nrw.de/gratis/B799%20201051.pdf (15.8.2016). – Landtag NRW (Hrsg.), Aktuelles und Presse; Jahresrückblick 2012: Haushaltsberatungen, Landtagsauflösung und Neuwahl, www.landtag.nrw.de/portal/WWW/GB_II/II.1/Pressemitteilungen-Informationen-Aufmacher/Pressemitteilungen-Informationen/Pressemitteilungen/Die_Jahre_2001_bis_2014/2012/12/Aufmacher129976.jsp (7. November 2018). – Webseite des Ministeriums des Innern des Landes Nordrhein-Westfalen, Sicherheit für Nordrhein-Westfalen, https://www.im.nrw/ministerium/minister-herbert-reul (25. November 2018).

164 Heinrich Bernhardt, »Todesfalle Loveparade 2010 in Duisburg und welche Lehren sollten daraus gezogen werden?«, in: Die Polizei, 105, 2014, H. 5, S. 121–133. – Stefan Schubert, Inside Polizei – Die unbekannte Seite des Polizeialltags, München 2012, S. 34. – »Schwer zu begreifen – Loveparade 2010«, in: Zeit Online vom 5. April 2016, www.zeit.de/gesellschaft/zeitgeschehen/2016-04/loveparade-2010-duisburg-kein-strafprozess-gutachten (7. November 2018). – Streife, 2010, Sonderausgabe: Loveparade.

165 Barbara Hans, »Love Parade. Gutachten belegt Verantwortlichkeit der Polizei«, in: Spiegel Online vom 20. August 2010, www.spiegel.de/panorama/love-parade-gutachten-belegt-verantwortlichkeit-der-polizei-a-712771.html (7. November 2018)

166 Martin Beck und Simone Hüser, Syrien und der Arabische Frühling, www.kas.de/wf/doc/kas_29527-1522-1-30.pdf?111128104241 (7. November 2018). – Wolfgang Kraushaar, Aufruhr der Ausgebildeten. Vom Arabischen Frühling zur Occupy-Bewegung, Hamburg 2012.

167 Bundesamt für Migration und Flüchtlinge (Hrsg.), Das Bundesamt in Zahlen 2016 – Asyl, Migration, Integration, Nürnberg 2017, S. 73. – Siehe auch: Andreas Zick und Madlen Preuß, Einstellungen zur Integration in der Bevölkerung – Kurzbericht zum Projekt ZuGleich – Zugehörigkeit und Gleichwertigkeit, hrsg. von der Stiftung Mercator, Bielefeld/Essen 2016.

168 Hans Vorländer, Maik Herold und Steven Schäller, PEGIDA. Entwicklung, Zusammensetzung und Deutung einer Empörungsbewegung, Wiesbaden 2016. – »Dügida«, in: RP Online o. D., www.rp-online.de/thema/duegida/ (7. November 2018).

169 Landtag Nordrhein-Westfalen, Drucksache 16/11446 vom 9. März 2016, S. 2 f. – »78.000 Polizei-Einsätze in 2015 an Flüchtlingsheimen«, in: RP Online vom 14. Februar 2016, www.rp-online.de/nrw/panorama/fluechtlingsheime-in-nrw-78000-polizei-einsaetze-in-2015-aid-1.5766266 (7. November 2018).

170 »Messerattacke auf Henriette Reker – Täter hatte ›fremdenfeindliches Motiv‹«, in: Focus Online vom 17. Oktober 2015, www.focus.de/regional/koeln/auf-wochenmarkt-koelner-ob-kandidatin-henriette-reker-bei-messer-attacke-verletzt_id_5019629.html (7. November 2018).

171 »Nach Angriffen auf Frauen in Köln: NRW droht Tätern mit Abschiebung«, in: Westdeutsche Allgemeine Zeitung vom 6. Januar 2016.

172 »Der Täter von Berlin. Nach der Fahndung viele Fragen«, in: FAZ.net vom 23. Dezember 2016, www.faz.net/aktuell/politik/anschlag-in-berlin/der-taeter-von-berlin-nach-der-fahndung-viele-fragen-zu-anis-amri-14590296.html (7. November 2018). – »Mutmaßlicher Berliner Attentäter Anis Amri: Aus den Augen verloren«, in: Spiegel Online vom 22.12.2016,

www.spiegel.de/politik/deutschland/anschlag-in-berlin-anis-amri-der-mutmassliche-attentaeter-von-berlin-a-1127018.html (7. November 2018).

173 Landtag Nordrhein-Westfalen, Drucksache 16/8759 vom 22. Mai 2015.

174 Landtag Nordrhein-Westfalen, Drucksache 16/12510 vom 14. Juli 2016. – »NRW rüstet sich für Anti-Terror-Kampf«, in: Westdeutsche Allgemeine Zeitung vom 23. Januar 2015.

175 2011 waren es 124 von 1100 Kommissaranwärtern, die einen entsprechenden Hintergrund aufwiesen. »Polizei in NRW setzt auf Zuwanderungsgeschichte«, in: Streife, 4/5, 2011, S. 13 f.

176 Die Landesregierung Nordrhein-Westfalen, »Einkleidung der 2.300 neuen Polizeianwärter hat begonnen«, in: Wir in NRW – Das Landesportal vom 25. Oktober 2017, www.land.nrw/de/pressemitteilung/einkleidung-der-2300-neuen-polizeianwaerter-hat-begonnen (7. November 2018). – Statista, Anzahl der Polizisten in Deutschland nach Bundesländern im Jahr 2016, de.statista.com/statistik/daten/studie/516101/umfrage/polizisten-in-deutschland-nach-bundeslaendern/ (7. November 2018).

177 »Sporterlass grundlegend reformiert«, in: Streife, 5, 2013, S. 31.

178 Beck-aktuell, VG Düsseldorf: Größe einer Tätowierung darf kein Einstellungshindernis für Polizeidienst sein, vom 25. August 2017, rsw.beck.de/aktuell/meldung/vg-duesseldorf-groesse-einer-taetowierung-darf-kein-einstellungshindernis-fuer-polizei-sein (27.10.2017).

179 »Beleidigen – Provozieren – Körperlich angreifen«, in: Streife, 2, 2013, S. 4. – Janine Jager und Thomas Bliesener, NRW-Studie Gewalt gegen Polizeibeamtinnen und Polizeibeamte – Die subjektive Sichtweise zur Betreuung und Fürsorge, Aus- und Fortbildung, Einsatznachbereitung, Belastung und Ausstattung, Abschlussbericht des Instituts für Psychologie der Christian-Albrecht-Universität zu Kiel, Kiel 2013.

180 Rüdiger Franz, »Ausschreitungen in Bonn. Salafisten griffen Polizisten an«, in: Generalanzeiger Bonn vom 7. Mai 2012, www.general-anzeiger-bonn.de/bonn/stadt-bonn/Salafisten-griffen-Polizisten-an-article756510.html (7. November 2018).

181 »NRW will Polizisten mit Schulterkameras schützen«, in: Westdeutsche Allgemeine Zeitung vom 13. Mai 2016.

182 »Mehr Ermittlungs- und Kontrolldruck für ›Intensivtäter Gewalt und Sport‹«, in: Streife, 2, 2015, S. 5–9. – Siehe weiter zum Beispiel: »Vereinsverbot für Rockerclub ›Satudarah Maluku MC‹«, in: Streife, 3, 2015, S. 19 ff.

183 Landtag Nordrhein-Westfalen, Drucksache 16/10359 vom 1. Dezember 2015, »Mehr als 30 Sprengungen von Geldautomaten – gehen alle Taten auf dieselben Täter zurück?«

184 Landeskriminalamt Nordrhein-Westfalen (Hrsg.), Polizeiliche Kriminalstatistik für NRW 2015, Düsseldorf 2016, S. 114. – Frank Kawelovski, Von Söhnen, Liebhabern und anderen Einbrechern – Der Wohnungseinbruch und seine Bekämpfung durch Polizei und Justiz, Mülheim 2012, S. 126 f.

185 Landtag Nordrhein-Westfalen, Drucksache 16/11460 vom 10. März 2016, S. 1. – Landtag Nordrhein-Westfalen, Drucksache 16/9963 vom 13. Oktober 2015, »Testphase für Predictive Policing in Nordrhein-Westfalen«.

186 Ministerium für Inneres und Kommunales des Landes NRW, »Zweiter bundesweiter Blitzmarathon«, in: Streife, 10/11, 2014, S. 25 f. – »Polizei NRW erwischt 100.000 Handy-Sünder«, in: Streife, 1, 2016, S. 28.

187 Jürgen Möller, »Modern, flexibel, zukunftsorientiert – Neue und einheitliche Organisationsstruktur für die Kreispolizeibehörden in Nordrhein-Westfalen«, in: Streife, 3, 2011, S. 25 f.

188 »Stresstest für den neuen Digitalfunk in NRW«, in: Streife, 2, 2012, S. 16.

189 »Polizei in NRW fährt jetzt BMW«, in: Westdeutsche Allgemeine Zeitung vom 10. November 2015.

190 »Polizisten im Land wollen im Dienst nicht BMW fahren«, in: Westdeutsche Allgemeine Zeitung vom 10. März 2016.

191 Die WSP 1 war mit zwei Acht-Zylinder-Motoren mit je 750 PS ausgestattet. Thomas Richter, »Ein neues Flaggschiff für

die Wasserschutzpolizei Duisburg«, in: Westdeutsche Allgemeine Zeitung vom 26. März 2011, www.derwesten.de/staedte/duisburg/ein-neues-flaggschiff-fuer-die-wasserschutzpolizei-duisburg-id4467468.html (7. November 2018).

192 »Polizei NRW online – bald rundum erneuert«, in: Streife, 6, 2014, S. 30.

193 Jörg Diehl, »Verdacht auf Hack-Attacke – Polizei geht offline«, in: Spiegel Online vom 3. Februar 2012, www.spiegel.de/netzwelt/web/verdacht-auf-hack-attacke-polizei-in-nrw-geht-offline-a-813176.html (7. November 2018). – Siehe weiter: Streife, 1, 2015, Sonderausgabe: Cybercrime.

194 »Hambacher Forst. Polizei verlässt den Wald – Aktivisten klettern und sägen wieder«, in: Spiegel Online vom 7. Oktober 2018, www.spiegel.de/politik/deutschland/hambacher-forst-polizei-verlaesst-den-wald-aktivsten-planen-neue-baumhaeuser-a-1232000.html (14. November 2018). – »Geiselnehmer von Köln hatte wohl kein islamistisches Motiv«, in: Zeit Online vom 26. Oktober, https://www.zeit.de/gesellschaft/zeitgeschehen/2018-10/koeln-hauptbahnhof-geiselnahme-taeter-terroristischer-hintergrund (14. November 2018).

195 Andreas Wyputta, »Kindesmissbrauch auf Campingplatz. Totales Versagen der Polizei«, in: taz vom 27. Februar 2019, www.taz.de/!5576919/ (2. März 2019).

196 Jörg Diehl und Jean-Pierre Ziegler, »Polizei in NRW. Dein robuster Freund und Helfer«, in: Spiegel Online vom 27. Februar 2018, http://www.spiegel.de/panorama/justiz/polizei-in-nrw-soll-robuster-werden-a-1195662.html (14. November 2018).

BILDNACHWEIS

Associated Press/dpa-Bilderdienste: 81 Mitte (Foto: Roberto Pfeil); attenzione photographers/ Roland Geisheimer, Witten: 105 oben; Bayerischer Rundfunk, Dokumentation »Neue Strategie«, http://www.br.de/mediathek/video/sendungen/abendschau/polizei-grenze-zoll-pilotprojekt-100.html (27. Januar 2015): 92 unten; Sammlung Klaus Brück, Essen: 39 links, 41 oben, 87 unten; Sammlung Jan-Paul Buyken, Kamp-Lintfort: 108 oben, 118; Sammlung Cremerius (Tochter des Polizeibeamten Christian Wirges), Essen: 36 unten; Sammlung Ina Creutz (Ehefrau des Polizeibeamten Ernst Creutz), Düsseldorf: 28 links, 29 unten, 30 rechts, 48 Mitte und unten; Sammlung Jürgen Dinkelbach, Essen: 16 Mitte; Sammlung Richard Frohne, Essen: 12 unten, 19 unten, 28 rechts, 29 oben; Funke Mediengruppe/Foto Service, Essen, 98 unten, 103; Geschichte am Jürgensplatz e. V., Düsseldorf: 18, 34; Geschichtsort Villa ten Hompel, Münster: 117; Sammlung Karl Göbel, Essen: 53 Mitte und unten, 67 oben; Sammlung Graf (Nachfahre des Polizeibeamten Albert Hänig), Essen: 13 links, 25 unten, 33 unten; Sammlung Atsushi Henning, Erftstadt: 113 unten; Sammlung Erik Hesse, Recklinghausen: 65 Mitte, 69 unten, 72 links und rechts; Hein Hoebink, »Polizeiliche und justizielle Zusammenarbeit von Nordrhein-Westfalen, Belgien und den Niederlanden«, in: Geschichte im Westen 30, 2015, S. 63-84, hier S. 71 sowie Cover: 95 oben; Ulrich Hoek, »Serie Kiefernstrasse: Hausbesetzungen und Barrikaden«, in: Westdeutsche Zeitung vom 21. September 2011, http://www.wz.de/lokales/duesseldorf/serie-kiefernstrassehausbesetzungen-und-barrikaden-1.772379 (16. März 2018): 73 oben; Innenministerium Nordrhein-Westfalen, Referat Presse- und Öffentlichkeitsarbeit, Düsseldorf: 92 oben, 93 oben, 95 Mitte, 96 rechts, 97, 98 oben, 102, 112 oben und unten, folgende Fotos dabei von Jochen Tack: 90, 92 Mitte, 93 unten links und rechts, 95 unten, 96 links, 100 oben und unten, 113 oben; Institut für Stadtgeschichte Gelsenkirchen: 23 links, 70 oben und 75 Mitte (beide Fotos: Alfons Kampert); Sammlung Bernd Jägers, Duisburg: 43 oben, 64; Sammlung Robin Jockenhöfer, Düsseldorf: 52 oben, Mitte und unten, 54, 55 oben und Mitte, 81 oben, 84 unten; Sammlung Frank Kawelovski, Mülheim an der Ruhr: 10, 12 oben und Mitte, 14, 15 oben, Mitte und unten, 16 unten, 17, 19 oben und Mitte, 20, 21, 27 Mitte, 32 unten, 38, 57, 79, 86, 94, 105 unten, 107 oben und unten, 109, 111 oben und unten; Sammlung Uwe Klein, Essen: Buchcover, 25 Mitte, 26 oben, 31, 37 unten rechts, 41 Mitte, 42 oben, 42 unten, 43 Mitte, 51, 53 oben, 55 unten, 62, 65 oben, 66 oben; Sammlung Hermann J. Knippertz, Euskirchen: 110 oben; Sammlung Burkhard Kowitz, Essen: 84 oben; Landesarchiv Nordrhein-Westfalen, Abteilung Rheinland, Duisburg: 78 oben, 85; Sammlung Sabine Mecking, Düsseldorf: 108 unten, 115 oben; Sammlung Wolfgang Neiß, Duisburg: 13 rechts, 37 oben und unten links; NRZ, Fotoarchiv, Essen: 40, 59, 60 (Foto: Hennes Multhaup), 69 oben und 83 (Fotos: Friedhelm Zingler),

69 Mitte, 75 oben, 89 unten (Foto: Sepp Siegl); Polizei Nordrhein-Westfalen, Polizeipräsidium Essen: 26 unten, 27 unten, 32 oben, 33 oben, 39 rechts, 41 unten, 43 unten, 56 unten, 65 unten, 67 Mitte, 70 unten, 71 oben und unten, 73 unten, 74, 75 unten, 76, 77, 81 unten, 82, 87 oben, 88, 89 oben und Mitte; Sammlung Winfried Pünder, Köln: 36 oben, 44, 45 unten, 47 oben; Sammlung Nick Rathmann, Mülheim an der Ruhr: 16 oben, 27 oben, 30 links, 47 unten; RP-Fotogalerie »2000: Bomben-Anschlag in Düsseldorf am S-Bahnhof Wehrhahn«, in: Rheinische Post Online vom 28. Juli 2010, http://www.rp-online.de/nrw/staedte/duesseldorf/s-bahnhof-wehrhahn-in-duesseldorfbomben-anschlag-im-juli-2000-bid-1.785201 (16. März 2018): 98 Mitte (Foto: Werner Gabriel); Ruhr Museum, Fotoarchiv, Essen: 42 Mitte (Foto: Rudolf Holtappel); Sammlung Oliver Schemmer, Wuppertal: 78 unten; Sammlung Siegfried Scholz, Essen: 50; Sammlung Willi Scholz, Essen: 22, 23 rechts, 26 Mitte, 29 Mitte; Sammlung Monika Schumann, Essen: 63 oben und unten, 68; Sammlung Heinz Sponheuer, Essen: 48 oben, 61, 66 unten; Stadtarchiv Duisburg: 45 oben; Sammlung Norbert Stakemeier, Essen: 56 oben, 67 unten; Sammlung Iris Stübbecke, Dortmund: 110 unten, 115 unten; Sammlung Bernd Winkels, Eitorf: 25 oben; Sammlung Jürgen Zupanc, Essen: 35.

Wir haben uns bemüht, für alle Abbildungen die entsprechenden Inhaber der Rechte zu ermitteln. In einigen Fällen ist es uns trotz intensiver Recherche nicht gelungen, die Rechteinhaber zu klären. Bei etwaigen Rechtsansprüchen wenden Sie sich bitte an uns.